ikigai
y otras palabras japonesas para una vida plena

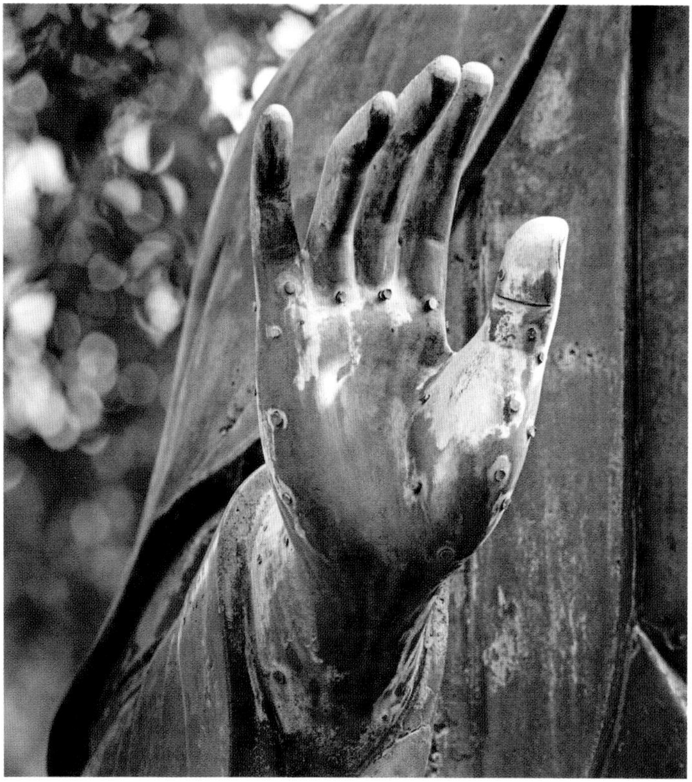

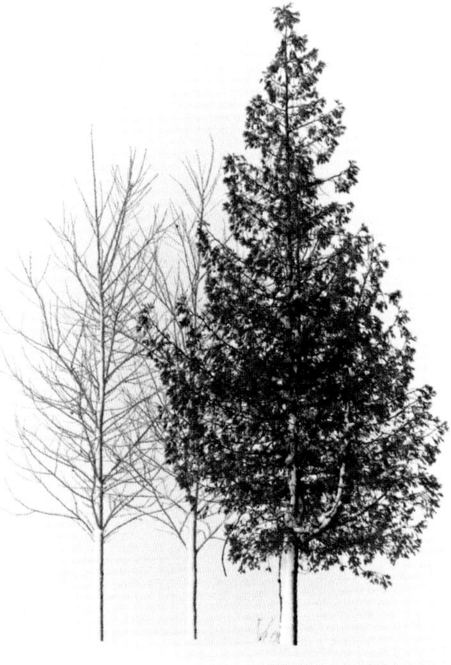

Título original: *Ikigai & other Japanese words to live by*

10 Elwin Street, Londres E2 7BU, UK

Ensayos adicionales de David Buchler

Lunwerg es un sello editorial de Editorial Planeta, S. A.
Avenida Diagonal, 662-664 - 08034 Barcelona
Calle Juan Ignacio Luca de Tena, 17 - 28027 Madrid
lunwerg@lunwerg.com
www.lunwerg.com
www.instagram.com/lunwerg
www.facebook.com/lunwerg
www.twitter.com/Lunwerglibros

Primera edición: mayo de 2024
ISBN: 978-84-19875-26-6
Depósito legal: B. 18.653-2023
Printed in China - Impreso en China

ikigai
y otras palabras japonesas para una vida plena

Mari Fujimoto
Fotografías de Michael Kenna

Traducción de Gemma Salvà

LUNWERG
EDITORES

Índice

Definiciones de Mari Fujimoto; ensayos de David Buchler

Seguramente
ya es primavera.
Sobre las montañas
sin nombre,
una tenue neblina

芭蕉

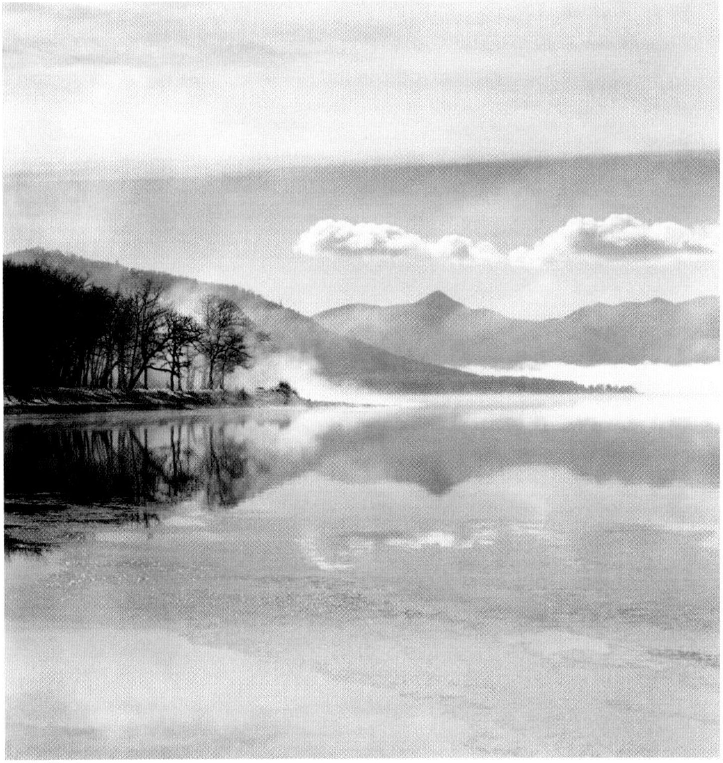

Descubrir la belleza, la verdad y la gratitud

Soy lingüista de formación. Cursé todos mis estudios superiores en Nueva York, donde ahora imparto Lengua y cultura japonesas, pero nací en Tokio. Cuando tenía dos años, nuestra familia se trasladó a una población rural de la zona de Kansai para estar con los progenitores de mi padre, ya ancianos. Recuerdo con cariño pasar el *Obon* (お盆), festival que honra a los antepasados, en casa de mis abuelos —ambos centenarios— en compañía de mis primos. Correteábamos por los verdes arrozales que se extendían hasta la cordillera al final del horizonte, bailando, cazamariposas en mano, bajo un sol cegador. Mi madre, mis tías y mi abuela habían preparado la cena. Toda la familia se sentaba alrededor de una enorme mesa sobre la que descansaban fuentes de tomates grandes y rojos cortados en rodajas, *sukiyaki* humeante, encurtidos de cebolla (que a mí nunca me gustaron mucho) y arroz cocido. Todo se cultivaba en nuestras tierras. Era una forma de vida indisociable de la naturaleza que nos rodeaba.

Aunque esta vida rural era maravillosa, no siempre resultaba fácil. Recuerdo tifones que destruyeron las cosechas y un fuerte terremoto que en mi prefectura se cobró la vida de miles de personas. En Japón, la naturaleza siempre ha sido generosa y destructiva a la vez. Así es como los japoneses desarrollaron su forma de vida: coexistiendo en armonía con la naturaleza, una filosofía que constituye la base del sintoísmo, antigua religión indígena del pueblo japonés.

La creencia del sintoísmo es bastante sencilla: todo lo que hay en la Tierra —desde las rocas hasta los árboles, los ríos, los animales y los seres humanos— posee un espíritu. Para mantener la armonía, la gente debe coexistir pacíficamente con numerosos espíritus y procurar no molestarlos ni enfadarlos; de lo contrario, habrá graves repercusiones, como plagas, desastres naturales y muerte.

En otras palabras, debemos mantener la naturaleza cerca de nosotros, y tratarla con respeto y temor a un tiempo. Este sistema de creencias evolucionó hasta llegar a convertirse en la forma tan singular que tienen los japoneses de apreciar la belleza actualmente.

¿Cómo podríamos definir la belleza? ¿Comparándola con *El nacimiento de Venus*, con la catedral de Notre Dame de París, o quizá con *La joven de la perla*? Todos podemos coincidir en que estas creaciones poseen elementos esenciales de belleza, como simetría, composición, juventud y vivacidad. En el mundo occidental, tendemos a sentirnos atraídos por estas cualidades «positivas» y a considerar desagradables las cualidades opuestas, como la fealdad, la imperfección, la vejez y la muerte. La estética tradicional japonesa, en cambio, se fundamenta en la innegable verdad de la naturaleza: todo en ella es efímero, nada perdura y nada es perfecto. Hay belleza en todos y cada uno de los variados aspectos de la vida, desde el nacimiento hasta la muerte, desde la imperfección hasta la perfección, desde la fealdad hasta la elegancia.

Ahora que vivo en Nueva York, esta filosofía me resulta más entrañable que nunca. Estas ideas forman parte de la cultura japonesa desde hace siglos y creo que nos ofrecen la oportunidad de ver la vida de un modo más auténtico. En mis conferencias, a menudo hablo de cómo la cultura japonesa percibe las ideas de forma diferente a la mentalidad occidental. Hay muchas cosas que aprecio de la cultura japonesa y que me gustaría contar, pero el tiempo nunca es suficiente.

Este libro me brinda la oportunidad de compartir estas ideas contigo. Es una invitación a vivir según la sabiduría japonesa.

En él encontrarás más de cuarenta palabras, cuidadosamente seleccionadas, que sintetizan algunas de las creencias y valores por los que se rigen los japoneses. Nos enseñan cómo podemos hallar sentido y plenitud en la vida a través de nuestras actitudes hacia la espiritualidad, la belleza y los cambios. Son nuestra guía para explorar y experimentar la vida partiendo de un enfoque más sencillo y consciente. En «Belleza» puedes aprender a encontrar la quietud, saboreando y apreciando un momento sencillo. «Armonía» y «*Mindfulness*» tratan de la reflexión y el autodescubrimiento, y te permitirán trazar un camino de crecimiento personal mediante actividades reflexivas que enseñan el valor de la autodisciplina. «Respeto» describe el modo en que la deferencia y la cortesía pueden reforzar los lazos entre las personas e inculcar la estima por el mundo natural.

Aunque estas palabras están vagamente clasificadas en distintas categorías, puedes empezar a leer este libro por la sección que desees. Los conceptos que aquí se presentan están interrelacionados, de modo que, cuando hayas leído todas las secciones, obtendrás una imagen global, como si hubieras completado un rompecabezas. Confío, pues, en que este libro te permita dar tus primeros pasos hacia una vida más auténtica, significativa y creativa.

También me gustaría que disfrutaras de los haikus (俳句) que aparecen repartidos a lo largo del libro. Estos poemas tradicionales japoneses, escritos por Matsuo Bashō, maestro de la poesía del siglo XVII, evocan una profunda intensidad emocional en un espacio muy condensado, y plasman todo un mundo de sentimientos en tan solo diecisiete sílabas. Los haikus captan momentos de quietud, belleza y fugacidad y aúnan muchas de las ideas que ocupan un lugar destacado en este libro. Por otro lado, los expresivos ensayos de David tratan de la sensibilidad de cada concepto filosófico. Sus vívidas descripciones aparecen al principio de cada sección, con lo que proporcionan un marco para las palabras que se explican a continuación y permiten que el lenguaje y la filosofía se fundan con la experiencia y la emoción.

Asimismo, observarás que cada palabra va acompañada de dos sistemas de escritura japoneses. El japonés se escribe, principalmente, combinando el *hiragana* (ひらがな) y el *kanji* (漢字). Ambos sistemas se derivaron de caracteres chinos hace más de un milenio. El *hiragana* es un sistema de escritura fonética, similar a un alfabeto, y se distingue por su aspecto curvo, que representa sonidos de la lengua japonesa. Por otro lado, el *kanji* se compone de ideogramas: símbolos que representan una idea completa o un objeto, en lugar de los sonidos de una palabra. Reconocerás el *kanji* por sus caracteres, que constan de líneas rectas y diagonales. He incluido estos sistemas de escritura para que puedas comprender los elementos que constituyen las palabras en japonés y cómo se combinan para darles un significado.

En el frenético mundo virtual de nuestros tiempos, con frecuencia siento desconexión de la realidad, de la gente y de la naturaleza. Espero con impaciencia que llegue el *Obon* para estar con los míos. A menudo me sorprendo preocupándome por un sinfín de cosas: la familia, el paso de los años, la violencia en el mundo…, prácticamente por todo. Por eso creo que es crucial tener cerca del corazón muchas de las palabras de este libro. A veces necesitamos detenernos y dejar de hacer lo que estemos haciendo para centrar la atención en experimentar lo que sucede a nuestro alrededor justo en ese momento. Para ser feliz con lo que eres, para encontrar la belleza, para descubrir la paz, debes buscar los espíritus que te rodean y mantenerlos cerca de ti. Los japoneses, entre quienes me incluyo, tendemos a creer en el *en* (縁), una fuerza misteriosa que nos conecta con los demás. Conocer a gente o hacer un descubrimiento único es algo que debemos agradecer y apreciar, en lugar de descartar como una simple cuestión de azar. Por lo tanto, agradezco que hayas descubierto este libro y ese *en* que ahora compartimos.

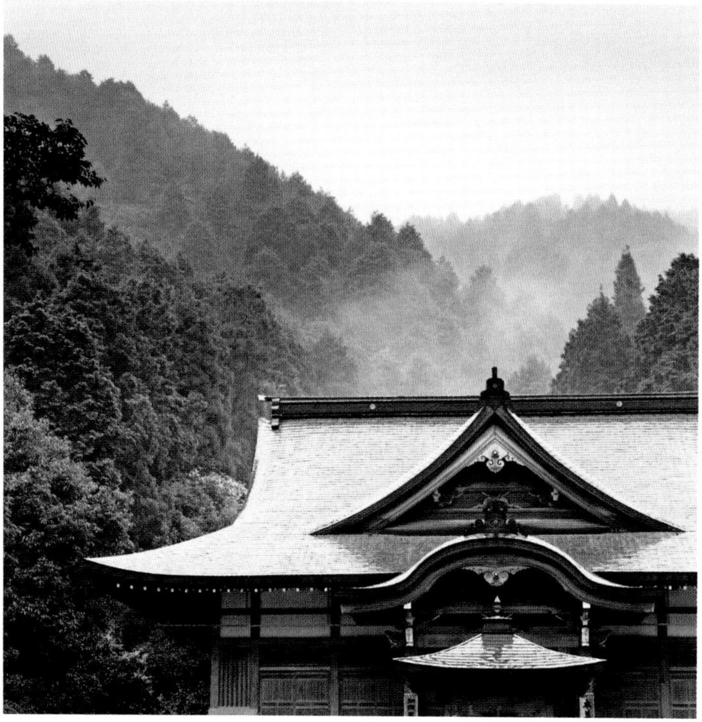

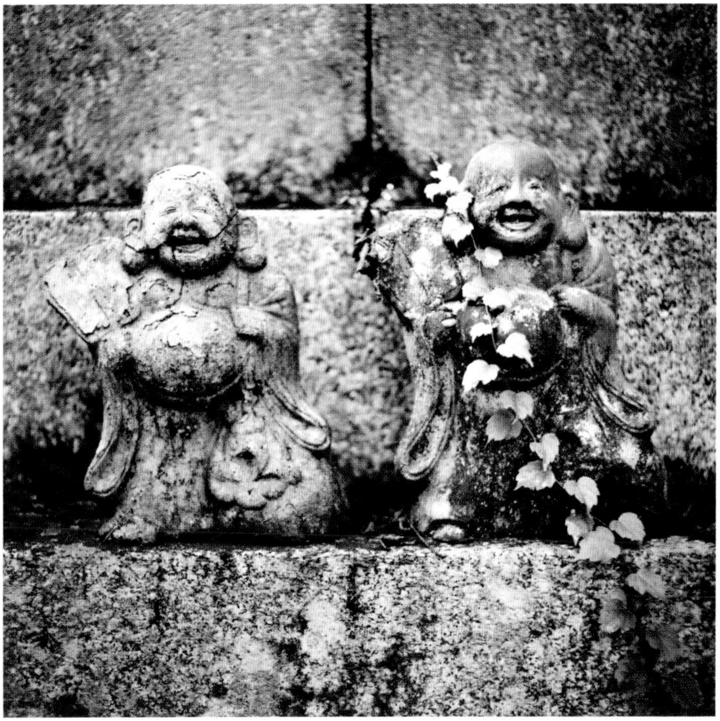

Un viejo estanque
una rana
se zambulle
en el sonido
del agua.

芭
蕉

Parte 1

Armonía

Conceptos de unión que encuentran afinidad
en la paz, la aceptación y,
en lugar de la perfección, la asimetría.

Sobre la armonía

和

Lo que se cultiva a oscuras *florece* en la claridad.

Del mismo modo que una planta pugna
por abrirse paso entre los resquicios del cemento,
la naturaleza de esta belleza se nutre de desafíos,
del imperioso deseo de florecer,
de la convicción inquebrantable
de que siempre es posible crecer.

Luz difusa a través del papel de arroz. Un delicado resplandor.

Ver a través de él, pero sin ver.

En Kamakura se alza un gran Buda sedente que medita cerca del océano. El poema de Kipling resuena a través de los tiempos:

Una masa herrumbrosa de bronce y oro,
tanto y tan escaso,
¿comprendes el significado de Kamakura?

Este Buda, sin brillo y cubierto de orín por las inclemencias del tiempo, se ha integrado en el paisaje. Solo sutiles trazas de oro brillan en sus orejas.

La vida es efímera, pero este símbolo de fe persiste, cambiando y evolucionando con el tiempo. Puede que hoy el oro no sea tan reluciente; sin embargo, pese a los embates de las estaciones del año y del paso de los siglos, esta figura sigue poseyendo una belleza exquisita.

Imagínate por un momento la siguiente analogía: un firmamento nocturno. El aire, fresco y claro; el cielo, oscuro y sin nubes.

L a s c o n s t e l a c i o n e s

se arremolinan y brillan

los destellos centellean y destacan
en su resplandor.

Un cielo
sin nubes
con miles de estrellas.

Ahora, imagínate una estrella
en primer plano:
su brillo iridiscente parece destellar con mayor intensidad.

Prácticamente acapara todo el protagonismo en este espectáculo cósmico y, sin embargo, de no haber sido por los miles de millones de estrellas que la rodean, quizá nunca habría destacado de un modo tan extraordinario.

Es de noche, los *izakaya*[1] están repletos de asalariados. Jubilosas exclamaciones de «*kampai*[2]» emanan de una sala privada en la que se brinda por los éxitos y se expresan los fracasos.

En este espacio, las tensiones del día se manifiestan y desaparecen.

---

1. N. de la T.: típico bar o restaurante japonés.
2. N. de la T.: expresión japonesa equivalente a «¡Salud!» a la hora de brindar.

Wa 和

Wa es la expresión fundamental de la armonía y de la paz que esta trae consigo. Es imprescindible que logremos reconciliarnos con lo que la naturaleza nos da: desde las cosechas de arroz hasta las catástrofes naturales cíclicas, como terremotos y tsunamis, o incluso las grandes batallas de la historia. El único modo de afrontar estas situaciones consiste no en luchar y anteponer el beneficio propio al ajeno, sino en trabajar juntos, buscando y prestando ayuda en el seno de la comunidad por el bien colectivo. Cuando nos encontremos en una situación difícil, recordemos que no estamos solos y busquemos la solución en *wa*.

平和 Heiwa

Mientras que *wa* significa paz en un sentido global, casi cósmico, *heiwa* tiene un alcance menor, dado que se centra en las relaciones humanas y las disputas personales. *Heiwa* es el nombre que se le da a la paz que alcanzan las personas tras un conflicto: «reunir a las partes en disputa con miras a una reconciliación y lograr que reine la calma mediante actos armoniosos». Aunque los pasos sean pequeños, no debemos olvidar que podemos recurrir a *heiwa* de muchas formas distintas y en circunstancias muy variadas.

和
敬
静
Wakei-seijyaku 寂

Esta palabra, formada por la suma de sus cuatro caracteres individuales, aúna la armonía (*wa*), el respeto (*kei*), la pureza (*sei*) y la tranquilidad (*jyaku*) para crear un concepto zen de serenidad y aprecio. Se trata de tomarse el tiempo y esmero necesarios para crear un momento de calma interior: vivir con arreglo a *wakei-seijyaku* significa detenerse, percibir, estar presente. La tradicional ceremonia del té es el mejor ejemplo de cómo se puede alcanzar esta paz tranquila y consciente. Los cuatro elementos de la palabra se traducen en una enseñanza: «Una mente pura y tranquila fomenta el respeto y aprecio por todas las personas y toda la naturaleza; de este modo, podemos comprender el significado de la armonía».

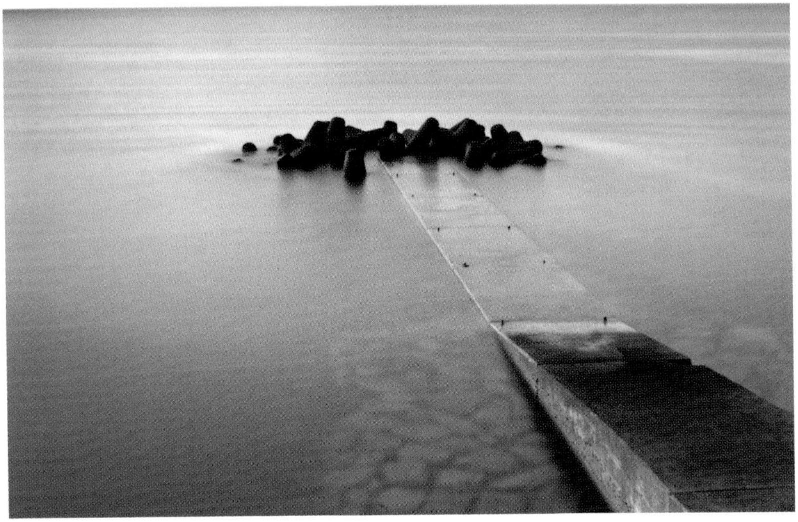

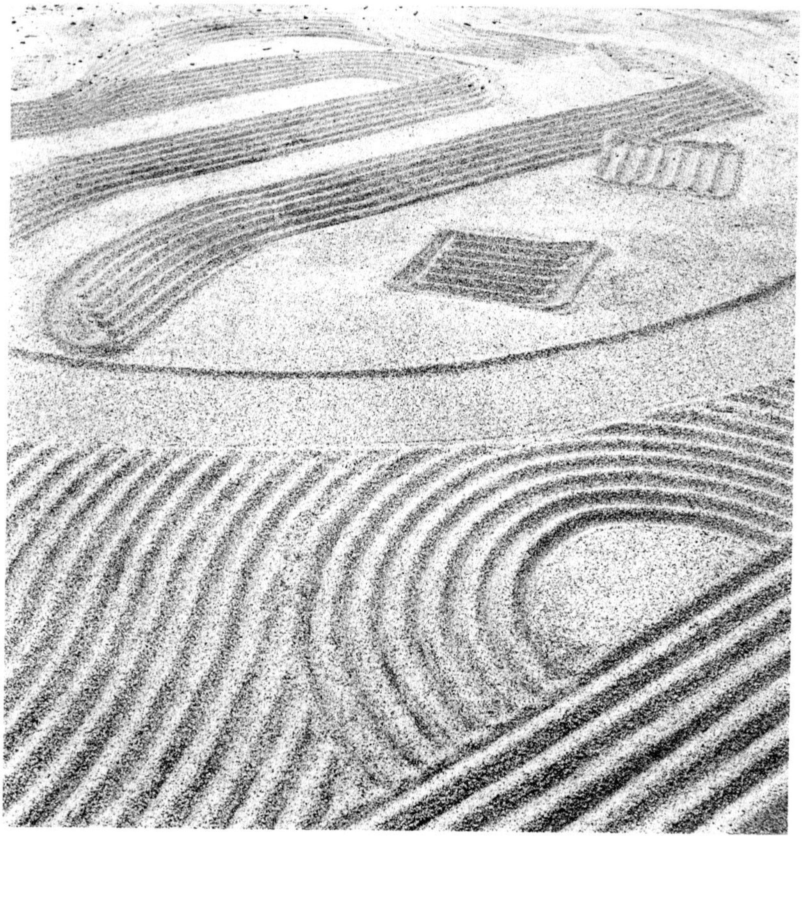

円相 **Ensō**

Un círculo trazado con tinta negra de una sola pincelada; una imagen austera que posee múltiples —quizá infinitas— interpretaciones. El círculo puede estar abierto o cerrado, acabado o incompleto. Aunque en un principio cabría pensar que representa la perfección o la iluminación, esta imagen carece de un significado concreto. Hay quienes ven en *ensō* el círculo de la vida; otros, el cosmos, o la paz, o la reencarnación, o la calma, o incluso el círculo formado por la luna. La imagen es tan sencilla que pensar en *ensō* nos puede ayudar a lograr un momento de tranquilidad en nuestra ajetreada vida cotidiana.

Ikebana 生け花

En Japón, el arte de los arreglos florales se conoce con dos palabras casi intercambiables: *kadō* ('el camino de las flores', 華道) es el término más amplio, y conlleva tener presente que los arreglos florales son una práctica consciente que conduce a la superación personal. Lo reconocemos por el *~do* que incluye esta palabra y que convierte toda actividad en un medio para lograr el crecimiento personal. *Ikebana*, por su parte, significa 'dar vida a las flores'. Con el propósito de conseguir una asimetría bella y natural, *ikebana* crea un espacio en el que se puede reconocer y apreciar visualmente la delicada fugacidad de las estaciones del año. Las constelaciones de flores representan el nacimiento, el crecimiento, la decadencia y la reencarnación. Se puede utilizar cualquier elemento de la naturaleza: una flor silvestre, la rama de un árbol con bayas, un brote marchito. Puedes colocar estos arreglos en tu casa para que siempre tengas presente la belleza de la vida y la naturaleza. El proceso de centrarte en *ikebana* adiestrará tus pensamientos y agudizará tu autoconciencia.

不均斉 Fukinsei

La simetría representa la perfección, que implica el punto de iluminación o el final del ciclo kármico de la vida. Esto, sin embargo, es ajeno a la experiencia humana. Una forma de arte debe ser capaz de aceptar y representar el cambio y las fluctuaciones de la vida, de modo que queden preservados de un modo significativo: nada de esta mutabilidad es factible más allá de un punto final o estado de muerte. Por esta razón valoramos el *fukinsei*, o la belleza de la asimetría. Las tazas empleadas en las ceremonias del té tradicionales son asimétricas e impares por esta razón, y en los arreglos florales japoneses (*ikebana*) las flores también se colocan formando diseños asimétricos.

caen, caen
gotas de rocío,
ansiosas por
llevarse
el polvo
de este mundo

芭蕉

Parte 2

—

Belleza

Apreciación de la elegancia
que comporta la sutileza y admiración
por lo que es efímero.

Sobre la belleza

Durante unos breves instantes, impera el silencio.

Un momento en el tiempo y el espacio en que aquello que se siente transciende toda explicación o descripción posible.

Si se tratara de un tipo de belleza occidental, seguramente resultaría mucho más fácil describirla. Podríamos hablar durante horas y horas de la filosofía y el concepto.

Pero esta belleza es desoladora.
Abraza una estética tan integrada en la vida cotidiana
que expresarla con palabras resulta mucho más complejo.

Una figura da vueltas en el centro de una composición visual creada por Masao Yamamoto, multiplicada, borrosa. Durante unos breves instantes, impera el silencio. La luna, brillante y majestuosa, se posa sobre su mano extendida.

Su imponente luminiscencia resalta el movimiento de la figura; su energía giratoria acentúa la inmovilidad de la luna; juntas coexisten en una armonía casi perfecta: dos entidades dispares contenidas en un mismo espacio.

Tanta belleza revela una fragilidad extraordinaria.

Un director de teatro le pide a una actriz, incapaz de llorar en una escena, que se imagine ese momento justo antes de que empiecen a brotarle las lágrimas.

詫
寂

Detente ahí. Contención. Solo la suficiente.

Entre medio, el espacio y el silencio.

Leyendo a Bashō en el tren: una vida evocada en unas pocas líneas concisas.
«Cerezos en flor – luces de años pasados.»

Belleza palpitante y sencillez en la expresión,
el latido entre ambas.

La respiración.

La *pausa*.

La belleza del haiku de Bashō radica en lo apenas esbozado.

El silencio.

El precipicio al final de cada frase breve y conmovedora,
donde al final se comprende

la emoción.

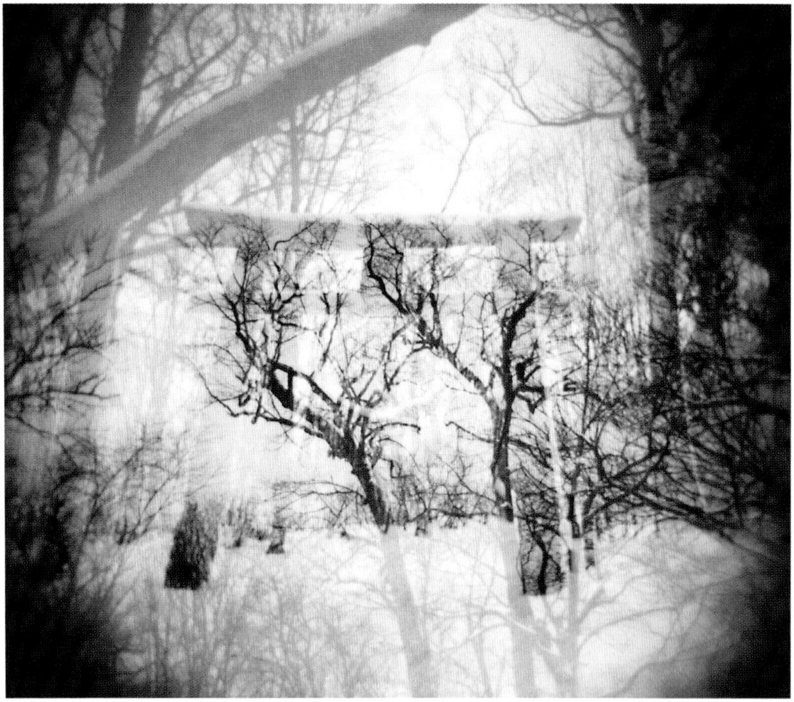

詫寂 Wabi sabi

Wabi sabi se fundamenta en la verdad de todas las cosas vivas: ninguna de ellas es perfecta, completa o inmortal. El concepto toma su significado de dos conceptos complementarios. El primero, *wabi*, es un proceso interno de búsqueda de la belleza y la plenitud a partir de la deficiencia. El segundo, *sabi*, es el encanto que se percibe en la decadencia y el deterioro causados por el paso del tiempo. Juntos, estos conceptos forman una sensibilidad que acepta el destino efímero de quienes están vivos, celebrando la fugacidad y venerando esas grietas, hendiduras y otras marcas provocadas por el uso y el paso del tiempo.

Wabi sabi describe una conciencia estética vinculada a sentimientos de serenidad y pérdida, y este concepto podría encontrarse condensado en un sencillo jardín japonés. Tradicionalmente formado por tan solo una roca y algunos guijarros, puede que este jardín no sea «bello» desde un punto de vista occidental, pero la quietud de la imagen, el sonido del agua implícito en los guijarros, los cambios de color y las sombras proyectadas por la roca se combinan para suscitar emociones que, en esencia, son *wabi sabi*. La belleza deriva de lo que es frágil y defectuoso.

Utsukushii 美しい

Kirei (綺麗), que alude a la belleza que proviene de la claridad y la pulcritud, se emplea cuando algo o alguien es elegante: quizá porque guarda un orden concreto, presenta una distribución correcta o los colores combinan entre sí.

Ahora bien, cuando una persona o un objeto se describen como *kirei*, no siempre es un cumplido, ya que esta palabra solamente describe la belleza externa. Salvo que al mismo tiempo pueda sentirse *utsukushii* (美しい), que conlleva una profunda emoción inspirada por aquello que es *kirei*, esta belleza tan pulcra está incompleta.

幽玄 **Yūgen**

Yūgen, que celebra lo misterioso y lo profundo, es un tipo de belleza que deriva de la moderación: una belleza intensificada por la negativa a enunciar su propia esencia. El célebre poeta Matsuo Bashō escribió en una ocasión: «Un viejo estanque. Una rana se zambulle en el sonido del agua». Los escasos tres versos de su poema expresan una quietud serena. El poeta describe el tenue sonido producido por una rana en lugar de hablar directamente de la calma. El concepto de *yūgen* está profundamente vinculado al de *kanso*, que nos recuerda que debemos percibir más allá de lo que vemos.

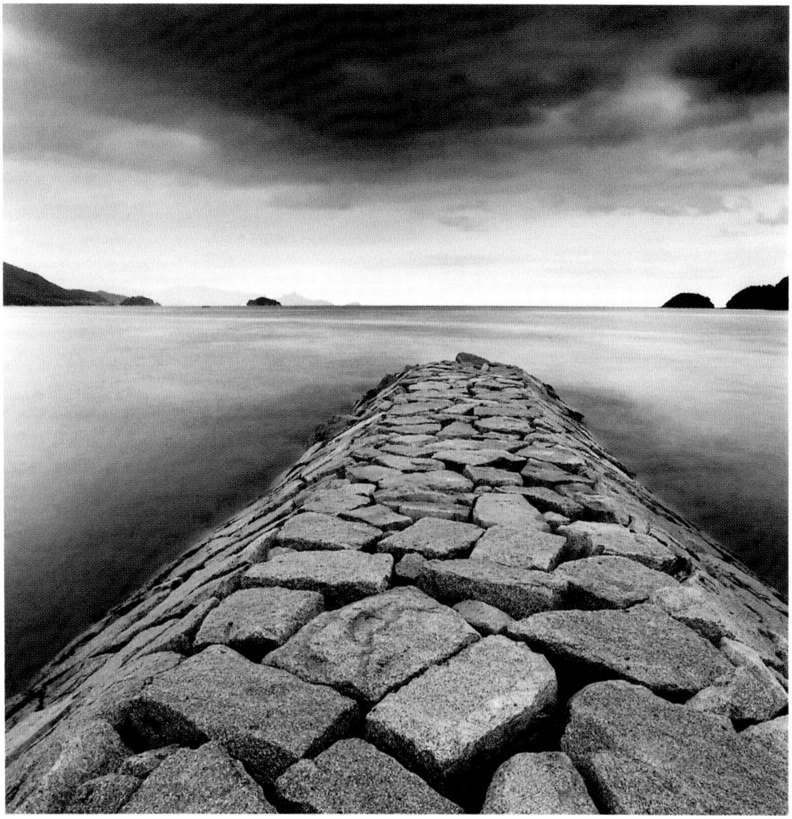

渋い Shibui

Shibui evoca la belleza que revela el paso del tiempo. Heredera de una estética basada en el sosiego —colores apagados y brillos mortecinos—, esta palabra nos recuerda que debemos apreciar las cosas que mejoran con el paso del tiempo. La madurez entraña elegancia, y las experiencias de la vida sellan sus objetos con una delicada riqueza.
Se puede experimentar *shibui* al contemplar el color de las hojas a principios del invierno, o en una vieja taza de té sobre una mesa...

簡
Kanso 素

Los dos *kanji* que componen *kanso* significan, respectivamente, 'simplicidad' (*kan*, 簡) y 'sencillez sin adornos' (*so*, 素). *Kanso*, utilizado como adjetivo o sustantivo, apela a la simplificación. Al eliminar el desorden innecesario, los hábitos perjudiciales y las actividades inútiles y restrictivas, llegamos a comprender qué es lo más importante para nosotros. Además de una elección de estilo de vida, esta idea encuentra su expresión en el arte japonés. Un jardín zen, que sea sumamente minimalista y conste únicamente de arena y una roca, es *kanso* a propósito para estimular la imaginación del visitante más allá de lo inmediatamente visible, brindándole la oportunidad de reflexionar sobre los aspectos importantes de su vida.

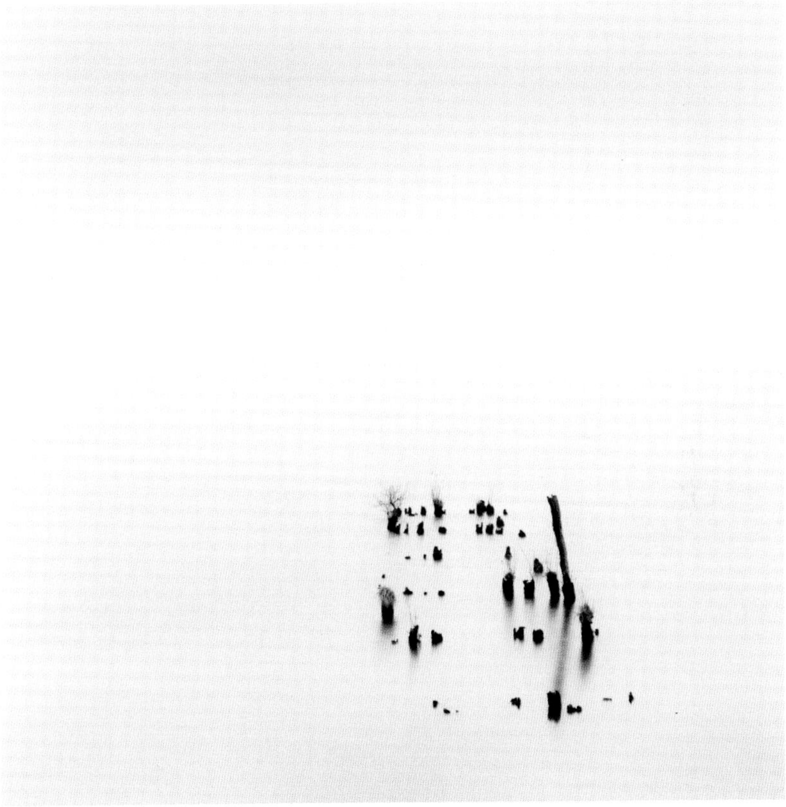

Lluvia
de principios
de verano
verde ciprés junto a
una roca.
¿Hasta cuándo
durará?

芭蕉

Parte 3

Naturaleza

Una filosofía que considera la naturaleza como
fuente de asombro y admiración, fascinación y temor,
y que se materializa en rituales concretos.

Sobre la naturaleza

Día. *Suave* luz serena

Un tenue astro invernal destella por entre las ramas de este viejo árbol. Reconfortante, constante.

Viento *suave* viento

Brillan los hilos de vaporosas telas de araña, surcos de la vejez, hojas como palimpsestos.

Regresar, borrar,
regresar, borrar,

Ruidos *suaves* ruidos
El tenue despertar que precede al amanecer se halla en sintonía consigo mismo. La naturaleza no es silenciosa.

Aquí, un campo salpicado de flores silvestres recuerda al tejido de un kimono de seda, una franja bermellón y violeta de cabezas curiosas, prímulas y ciruelos en flor. Rostros descubiertos tomando el sol como jóvenes muchachas ajenas a las consecuencias. Las abejas se han marchado.

El mundo vivo en la quietud.

Emoción expresada en un arreglo floral colocado en un rincón tranquilo de una casa.

El olor a tierra, petricor, un frío húmedo, aroma de vegetación frondosa, pronto arderán las hogueras. Las *higanbana*[3] brotarán intrépidas del suelo para recordarnos los fantasmas que nos acechan en las largas noches de invierno.

---

3. N. de la T.: Flor similar a un lirio (*Lycoris radiata*). Se la conoce, entre otros muchos nombres, como «la flor del infierno». En Japón simboliza el equinoccio de otoño. Es venenosa y se relaciona con la muerte y lo efímero.

Aquí, impregnado de recuerdos y melancolía
Llegarán incansables nuevas estaciones con sus gráciles arabescos.

Aquí, con el silencio de las hojas crujiendo como viejas cartas de amor
o haciendo grullas de origami

自然

Aquí en la soledad

Una invitación a estar
Simplemente a estar. La ciudad se antoja muy lejana
El latido acelerado de su confusión se desvanece

Composición *suave* y delicada
Color parpadeante, danza de brillo y decadencia
El cielo... azul y nuboso
Una exclamación.

Una frase.

Desconectar de la locura que vivimos semana tras semana, de los cables
de teléfono, de los pasos como código morse, de la ansiedad y la monotonía.
Chicas de musgo armadas con lupas y lentes microscópicas.

Aterrizaje *suave*

Espacio e x t e n s o

Respira como la paz

Paz al respirar

Recordando las palabras de Alan Watts:

«No viniste a este mundo. Saliste de él, como una ola
del océano. No eres un extraño aquí.»

No eres un extraño *aquí*.

Shizen 自然

El término japonés para designar la naturaleza es *shizen*. Moldeada por fuerzas históricas y filosóficas distintas de nuestro concepto occidental de naturaleza, la palabra *shizen* evoca la belleza de cada una de las cuatro estaciones del año: el nacimiento de la primavera, la energía del verano, el declive del otoño y la fría muerte del invierno. El archipiélago japonés está rodeado en su totalidad por el océano y la mayor parte de la tierra está ocupada por cadenas montañosas. En este contexto, la naturaleza tiene la capacidad tanto de nutrir como de destruir; de ahí que *shizen* trace un camino de máxima admiración y respeto por el mundo natural, así como de aprecio por sus intensos azules y verdes y por nutrir la vida orgánica que alberga.

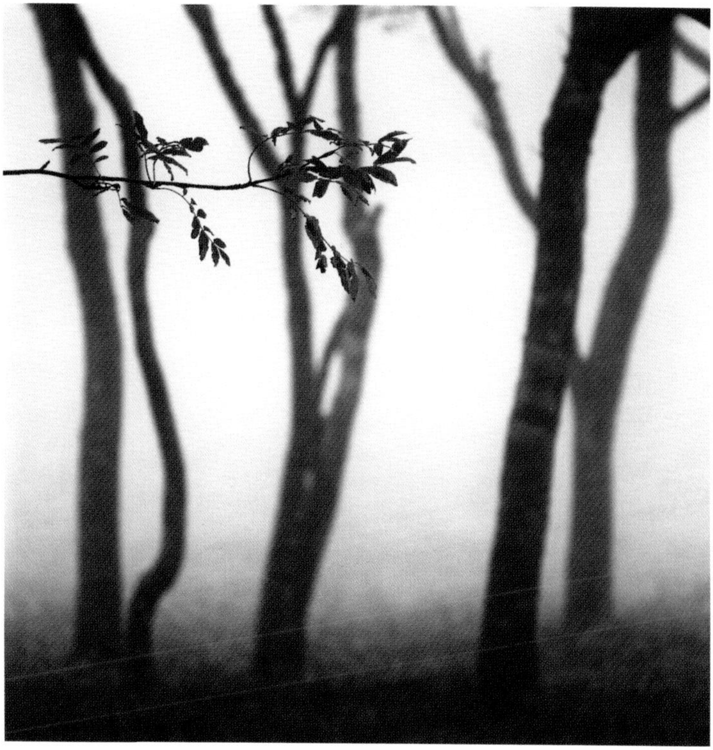

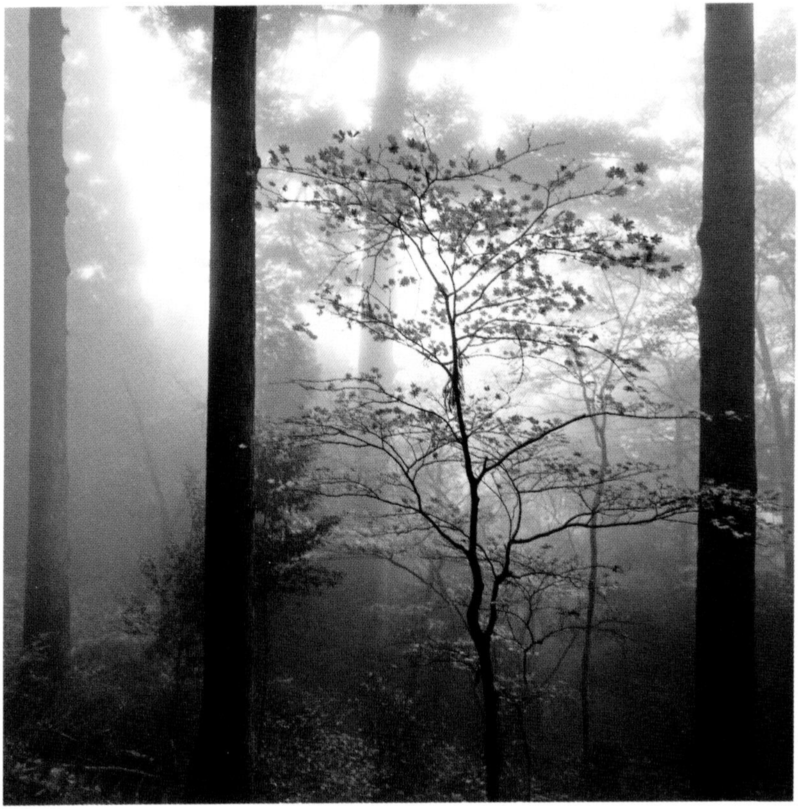

森林浴 Shinrinyoku

Shinrinyoku es la experiencia terapéutica de absorber la atmósfera de un bosque: pasear por él y dejar que nuestra mente y nuestros poros se impregnen del aire que nos rodea. La palabra en sí es relativamente nueva. Fue propuesta por funcionarios de la Agencia Forestal Japonesa en la década de 1980 para impulsar un mayor contacto con la naturaleza. Aunque ahora existen varios espacios al aire libre en los que se puede practicar *shinrinyoku*, sus orígenes se remontan al bosque de Asakawa, en la prefectura de Nagano, cuyos cipreses de más de 300 años de antigüedad simbolizan un particular respeto por el mundo natural. Se anima a los visitantes a pasear entre estos árboles centenarios para absorber el aroma que desprenden, sumergirse en la tranquilidad del entorno y beneficiarse de una agradable relajación mental y corporal.

Se practica *shinrinyoku* para reducir el estrés y reforzar el sistema inmunitario, entre otros innumerables beneficios para la salud, demostrados médicamente. Sin embargo, los baños forestales también son una experiencia sumamente espiritual. Todo en la naturaleza posee un espíritu; ir al bosque equivale a rendir homenaje a un lugar secreto. Practicar *shinrinyoku* nos recuerda cómo coexistir con la naturaleza y respetar la tierra paseando por los bosques.

Misogi 禊

Puede que estés familiarizado con el término *onsen*, que se refiere a las fuentes termales que abundan en Japón y al ritual centenario de bañarse al aire libre. Hay que seguir ciertas normas, como desnudarse por completo y lavarse el cuerpo antes de sumergirse en el agua calentada por un volcán. Sin embargo, no solo se trata de una purificación física, sino también espiritual. Esta práctica tiene sus orígenes en el mito en el que el dios Izanagi se sometía al antiguo ritual sintoísta del baño. Se trata del *misogi*, una práctica consistente en lavarse para purificar el cuerpo y liberarlo de impurezas y pecados tras regresar del reino de la muerte. Actualmente se considera que los *onsen* tienen ciertos poderes curativos debido a los distintos minerales que fluyen por la tierra. Sin embargo, no es preciso acudir a ningún *onsen* para disfrutar de algunos de sus beneficios espirituales; también podemos reflexionar sobre el poder rejuvenecedor de un baño de agua caliente. Este no solamente sirve para eliminar la suciedad y relajar la mente, sino que, además, representa una excelente oportunidad para eliminar las frustraciones y sentimientos negativos de la jornada y prepararse para el día siguiente con una perspectiva renovada.

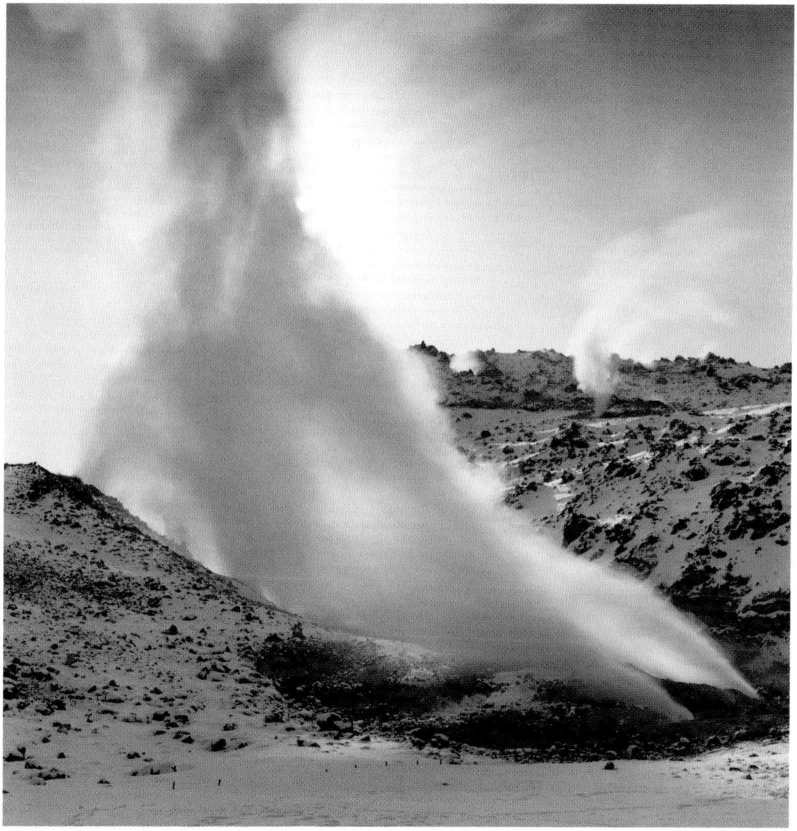

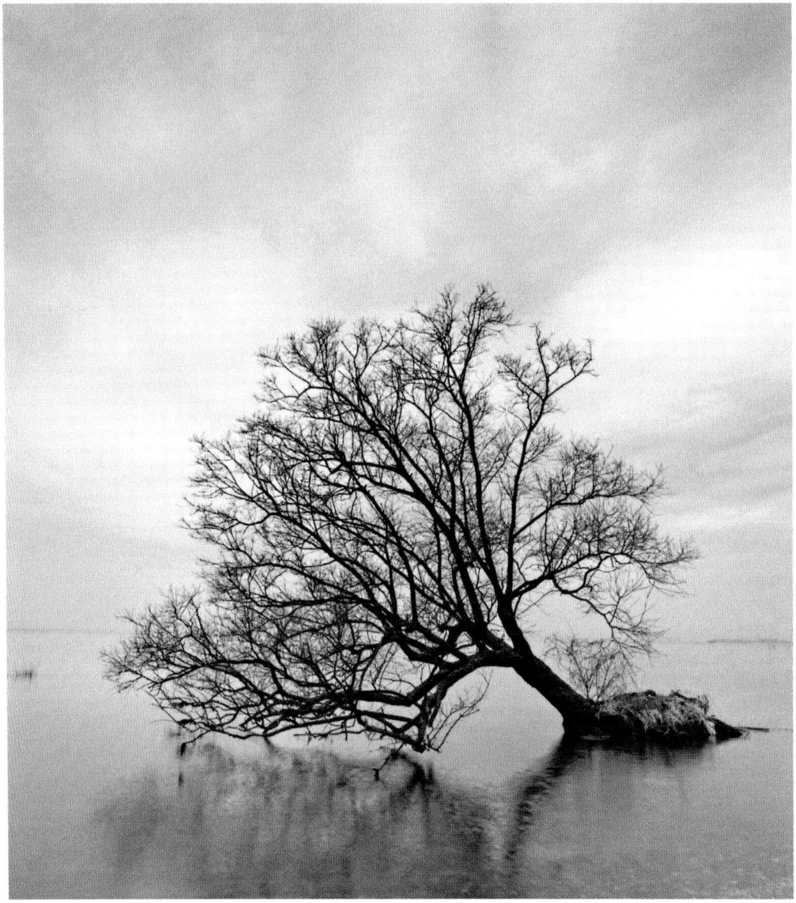

物の哀れ

Mono-no aware

Mono-no aware constituye la esencia de la relación que establecen los japoneses con la vida y la muerte. Este concepto se refiere a la sabiduría de reconocer la belleza en cada una de las facetas que componen una experiencia, e incluso en aquello que podemos percibir como «negativo», ya sea en la naturaleza o en nosotros mismos. Algunos ejemplos serían el dolor, la debilidad, la sencillez, la soledad y la muerte. Aunque es posible que asociemos la belleza con el nacimiento y la juventud, salvo que estos «aspectos positivos» vayan acompañados de sus correspondientes opuestos, que serían la vejez y el deterioro, carecen de profundidad. *Mono-no aware* se refiere al sentimiento de tristeza que nos provoca la fugacidad, pero también a la capacidad de apreciarla. Se trata de la sensación agridulce y silenciosamente eufórica que experimentamos al contemplar el fascinante espectáculo que es la vida, aun sabiendo que nada de ello perdurará.

Hanami 花見

Contemplar los cerezos en flor es uno de los mayores acontecimientos que tienen lugar en Japón. Se trata de un ritual que describe la palabra *hanami* (花見), cuyos *kanji* significan 'ver' (見) y 'flores' (花); de ahí 'contemplar las flores'. Como parte de este ritual, la gente se reúne, canta y baila, y disfruta de abundante comida y sake bajo los árboles. No obstante, lo que se celebra en realidad es el *mono-no aware*, o la belleza efímera de la naturaleza. La experiencia cobra un significado más profundo al ser conscientes de que todos esos pétalos desaparecerán muy pronto, por lo que hay que saborear y disfrutar de ese momento concreto en el tiempo. La gente celebra *yukimi* (雪見, o 'contemplar la nieve') por las mismas razones.

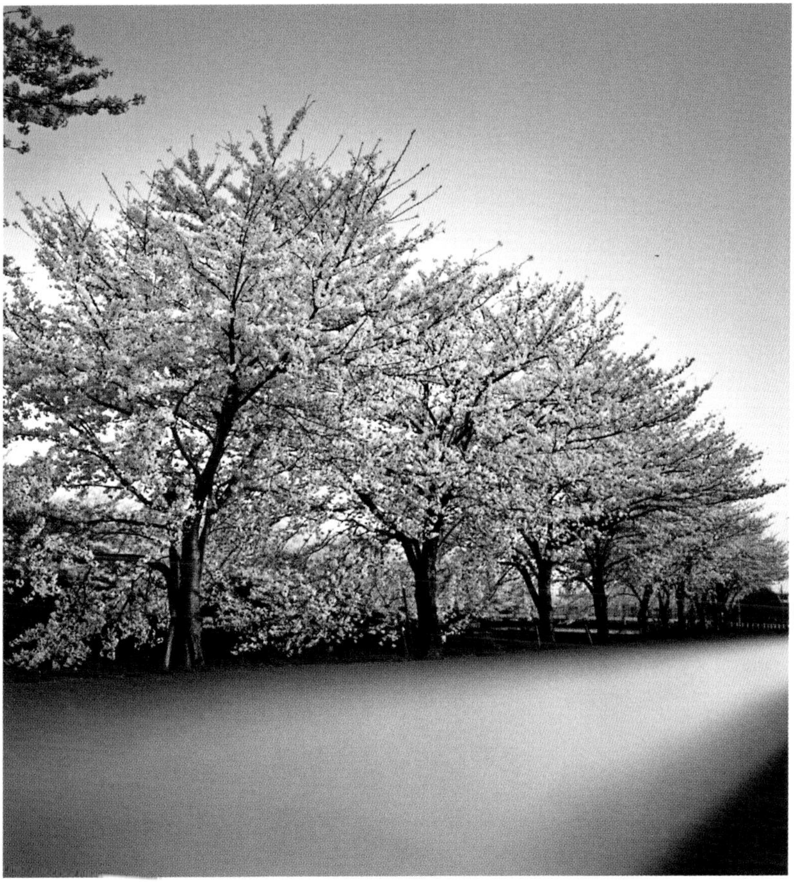

en mitad
de un campo
sin nada
a lo que agarrarse
canta
una alondra

芭
蕉

Parte 4

Mindfulness

Palabras con las que nutrir tu potencial,
descubrir tus motivaciones
y dirigir la atención hacia tu interior.

四

Sobre el *mindfulness*

El interior de una galería alberga un único cuadro.
El blanco del fondo de la tela está intacto.

En el centro, un *ensō*
o círculo zen, pintado con un trazo expresivo.

El *sumi*:
negro como la noche, sangrando en el papel, goteando como venas.
Surgen bordes suavizados. Es la naturaleza de ambos cuando se
combinan.

El círculo está incompleto. Los dos extremos no llegan a tocarse,
símbolo de la imperfección que forma parte de la existencia.
Aprender a eliminar cualquier ruido periférico. Estar en el
presente. El ahora es donde creas tu pasado y tu futuro.

Regresas a casa:
tu hogar. Tejas rotas por demasiados temblores,

tormentas de verano,
lluvia de invierno.

Ahora, vacía; ninguna luz a través de la ventana; abandonada y desolada.

Las flores del jardín delantero hace tiempo que se marchitaron por
falta de cuidados;
un árbol solitario se inclina con pesar, las ramas torcidas,
pero todavía engalanadas con hojas.

道

Cuando empieza a atardecer,
los últimos rayos de luz atrapan el brillo naranja oscuro de un caqui solitario;

su haiku sin palabras
una declaración.

A través de la ventana, una pequeña habitación. El tatami está desgastado y hecho jirones en algunas partes.

Túmbate. El calor del sol, un baño de rayos dorados.

Todo te resulta conocido, familiar. Del mismo modo que el jardín desolado sabe que volverá la primavera, todo lo que es y ha sido volverá a ser.

Intuyes que los elementos son demasiado poderosos
para combatirlos o cambiarlos: en el horizonte, nubes de tormenta.

Conforme las nubes avanzan flotando a mayor velocidad,
los frágiles pétalos de *sakura*[4] se desprenden de los capullos recién abiertos.

---

4. N. de la T.: flor de cerezo o cerezo japonés.

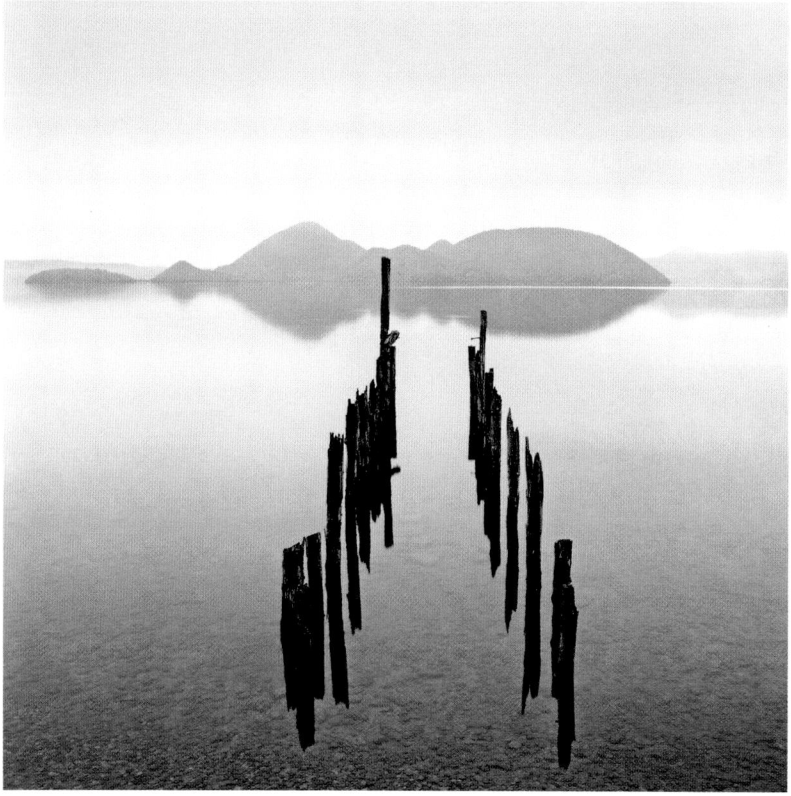

生きがい

Ikigai

Hay quien dice que descubrir *ikigai* equivale a haber descubierto el secreto para ser longevo y feliz. Muchos de nosotros debemos hacer frente a una vida ajetreada y bulliciosa: horarios de trabajo exigentes y obligaciones familiares aparentemente abrumadoras. Sin embargo, *ikigai*, o 'algo por lo que vivir', es la esencia del disfrute y la motivación que nos impulsa a levantarnos cada mañana y nos mantiene activos cada día. Cada persona tiene su propio *ikigai*, una combinación de pasión, vocación y misión: la búsqueda de una respuesta a esas difíciles preguntas sobre tus sentimientos y valores —«¿Qué te hace feliz?», «¿Qué es importante para ti?»— traza el camino para hallar el impulso que te hace seguir adelante y recordar que esta fuerza positiva de realización está sujeta a cambios.

Aunque se trata de un proyecto que puede durar toda la vida, trabajar con miras a descubrir tu *ikigai* significa llegar a comprender qué es gratificante para ti y en qué vale la pena que centres tus esfuerzos, en lugar de prestar atención a aquello que te distrae. *Ikigai* proporciona un centro de cohesión y te permite encontrar satisfacción y equilibrio en la vida.

Kaizen 改善

Si descubrimos que algo es deficiente, ya sea en términos de calidad, de organización o de proceso, debemos hacer un balance de los problemas y trabajar con miras a mejorar la situación. Esto es *kaizen*, una palabra heredada de la filosofía empresarial japonesa que crea una cultura de mejora continua. *Kaizen*, que nos enseña el valor de analizar nuestra vida con el propósito de realizar cambios positivos y eficaces, tiene en cuenta la repercusión que nuestras acciones tendrán en los demás. En el fondo, es una filosofía optimista que se centra en acciones de mejora. Aunque inicialmente servía para calcular la eficiencia de una empresa, también encierra una lección personal.

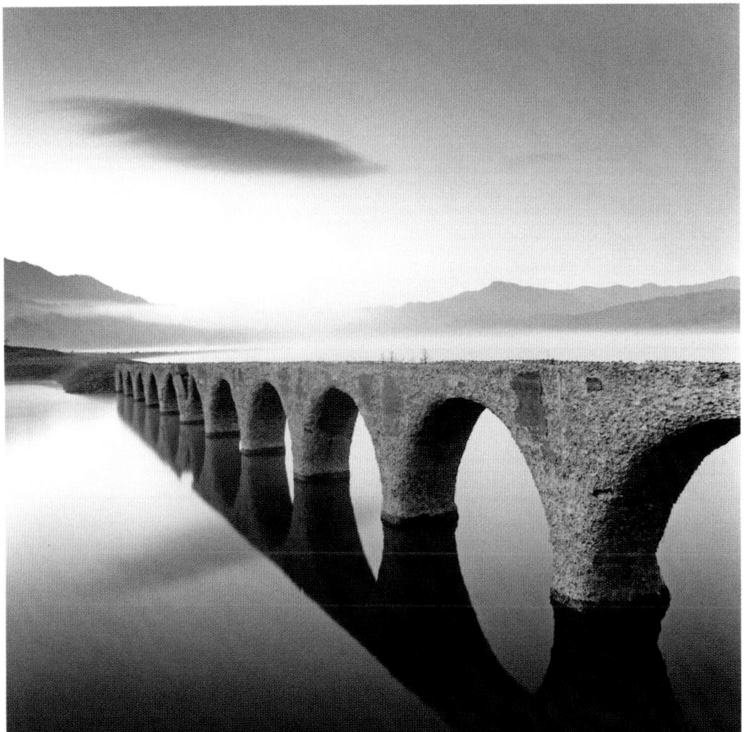

精神修養

Seishin-shūyō

Para alcanzar todo tu potencial, debes aprovechar las oportunidades de autoexamen, autodescubrimiento y autocorrección. *Seishin-shūyō* se refiere al proceso y entrenamiento, ya sea físico o mental, mediante el cual trabajas con la intención de conseguir un objetivo de autorrealización, lo que fortalece tu determinación y te brinda una mente firme y un alma sana. Se trata de una práctica ascética que te ayudará a tomar las riendas de tu propia vida, sobre todo en momentos de adversidad o en situaciones delicadas en las que debas tomar una decisión y dudes acerca de qué camino seguir. Es posible que descubras el *seishin-shūyō* a través de la meditación, el yoga o el ejercicio físico, o mediante cualquier actividad considerada como un *~dō*; es decir, 'el modo de' conseguir algo.

道 Dō

Combinar ~*dō* con una actividad significa que, para ti, esa práctica se ha convertido en un camino hacia la superación personal. Algunos ejemplos habituales en Japón son *budō* (武道), que significa 'el camino del samurái o de las artes marciales'; *sadō* (茶道), que significa 'el camino del té o de la ceremonia del té'; *koodō* (香道), que significa 'el camino del incienso'; y *kadō* (華道), que significa 'el camino de las flores o de los arreglos florales'. Sin embargo, cualquier cosa puede convertirse en ~*dō*, siempre y cuando busques la excelencia en lo que estés haciendo. Esta palabra expresa tu actitud con respecto a una actividad concreta. Significa convertir algo en un ejercicio estructurado y con un propósito definido capaz de mejorar tanto la mente como el alma.

Katachi 形

En japonés, la forma es algo más que el aspecto de un objeto y se expresa mediante *katachi*, que tiene en cuenta la narrativa entre la apariencia de un objeto, su propósito y el significado que se le desea atribuir. Principio rector del diseño, *katachi* lleva a la creación de objetos delicados y elegantes mediante el empleo de materiales tales como la madera, el bambú, la piedra y la tierra, y nos guía en el camino hacia la apreciación de su elaboración y espíritu especial. Sin embargo, *katachi* no solamente se refiere a lo visible. Como verbo, *katachi nisuru* significa 'representar o materializar algo'. Así, cuando se habla de un acto amable, se puede decir: «Este es el *katachi* de mi agradecimiento», que equivale a decir: «Esta es mi forma de expresarte agradecimiento». Desde este punto de vista, el término *katachi* puede expresar la conexión directa entre la belleza del alma del creador y el objeto de su arte.

Takumi 匠

Un *takumi* es un artesano al que se valora y se respeta por haber dedicado su vida a la búsqueda de la belleza y a la excelencia en un oficio. El artesano, que se entrega en cuerpo y alma a su labor, nos enseña el valor y la recompensa del compromiso. Aprecia el material con el que trabaja, y cualquiera de sus actos, por insignificante que sea, adquiere la categoría de una forma de arte. Podría decirse que el trabajo en sí mismo es su recompensa. Para el *takumi*, los beneficios económicos son secundarios o irrelevantes.

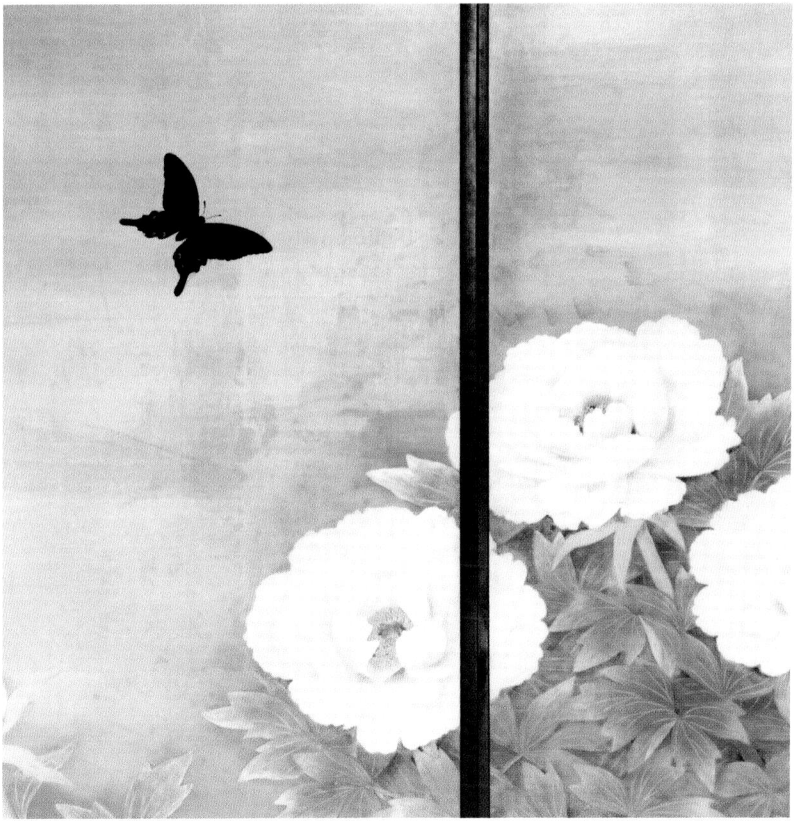

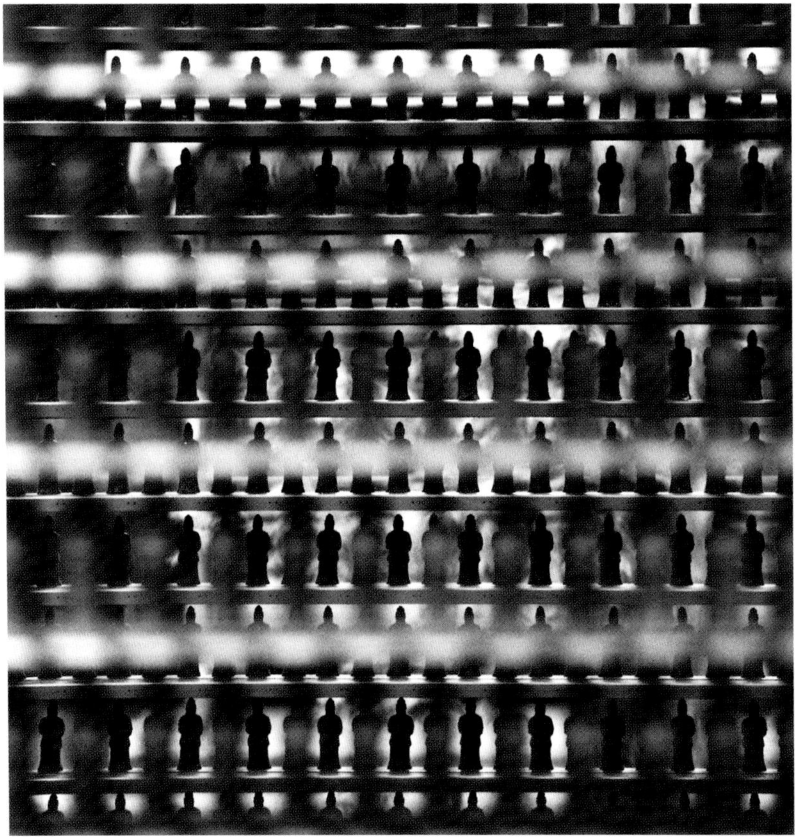

こだわり

Kodawari

Una traducción aproximada de *kodawari* podría ser 'esmero': prestar una atención resuelta y escrupulosa a los detalles. Aunque esta actitud pueda parecer pretenciosa o exigente, nace de una pasión sincera y de la autodisciplina. Un verdadero artesano, por ejemplo, se esforzará al máximo para conseguir la verdadera belleza en sus obras de arte, aun sabiendo que algunos de sus esfuerzos serán invisibles o pasarán desapercibidos. La atención crítica motivada por *kodawari* siempre se dirige hacia el interior, no el exterior: sé exigente con tus propios esfuerzos, no con los esfuerzos de los demás.

Hermosos momentos
que llegan a su fin,
gratitud infinita
por la belleza
de una flor.

芭
蕉

Parte 5

Gratitud

Recuerda que debes pensar en los demás,
actuar con consideración, honradez y humildad,
y recompensar la amabilidad que has recibido.

Sobre la gratitud

贈答

Todo regalo debe recibirse tal y como se merece:
con una alegría y gratitud desbordantes,
y un sinfín de «gracias» que se prolongarán durante mucho tiempo.

Un paquete de té de ciruela salada; un pequeño monedero bordado con ciervos de Nara... Estos regalos representan un intento por compartir una experiencia con los que se quedan en casa.

Un intento que dice más acerca de tus intenciones que el propio regalo.

Ya se ha vaciado el último plato y se ha bebido la última copa,
es ahora,
solo ahora,
cuando podemos presentar la ofrenda al destinatario.

El Año Nuevo.

Un billete *sen-en* doblado en cuatro cabe perfectamente en un precioso sobre escrito a mano.

Es una ofrenda humilde, entregada de todo corazón, a un niño de corta edad al comienzo de un nuevo año.

Al otro lado de la ciudad, dos compañeros de trabajo lo celebran tomando una copa. El más joven de los dos le sirve la bebida a su superior, que inmediatamente hace lo propio. Este simple gesto de compañerismo refuerza el espíritu de comunidad y de respeto.

Se trata de preservar la armonía.

Reciprocidad: un eco social basado en la gratitud.
Al hojear un viejo álbum de fotografías de celebraciones pasadas, se recuerda la alegría de ocasiones especiales, cumpleaños y otras fiestas;
los olores y los sonidos flotan a través de los años:

las canciones bailadas,
las manos estrechadas,
la alegría y la tristeza.

Ese mismo momento: el día, el mes, el año. A veces, las emociones más difíciles de combatir son las del pasado.

Anhelo.

La gratitud se expande como una cálida ola dorada: qué alegría conocerte, amarte, y compartir contigo tiempo y espacio.

Los invitados se agachan para pasar por una diminuta puerta y entrar en un salón de té. Más tarde, el maestro de la ceremonia entrará en este espacio de rodillas. Estas posturas nos ayudan a mantener los pies en la tierra y nos recuerdan que debemos ser considerados con los demás.

La comunicación y la gratitud son un sentimiento que albergamos en nuestro interior y expresamos con un gesto.

Las manos colocadas en posición de oración y un silencioso *itadakimasu*[5] antes de llevarse el cuenco de té a los labios.

5. N. de la T.: expresión japonesa utilizada antes de una comida para agradecer lo que se va a tomar.

Zōtō 贈答

Un regalo simboliza la conexión humana, la gratitud y el deseo de mantener una buena relación en el futuro. En Japón, el intercambio de este tipo de obsequios se rige por cuidadosos rituales de etiqueta: el remitente presta muchísima atención a los detalles y a la elegancia del obsequio, así como al envoltorio. Este regalo va acompañado del principio de reciprocidad: existe una palabra para designar el regalo que se ofrece (*zōtō*) y otra para el obsequio que se da en agradecimiento (*okaeshi*). No solo se envían regalos con motivo de las fiestas y celebraciones más habituales, sino que también se hace una vez en verano y otra en invierno, y se llaman, respectivamente, *ochūgen* ('regalos del solsticio de verano') y *oseibo* ('regalos de fin de año'). Se obsequian a cualquier persona que nos haya ayudado, ya sea en un contexto empresarial o personal, en señal de sincero agradecimiento. También existe el *omiyage,* una especie de recuerdo que se regala a los amigos y familiares al regresar a casa de un viaje. Ello ilustra que no debemos limitarnos a hacer regalos con motivo de alguna celebración especial, sino que esta práctica puede formar parte de nuestras interacciones cotidianas. Podemos reflexionar más a menudo sobre cómo expresar nuestro agradecimiento de un modo significativo.

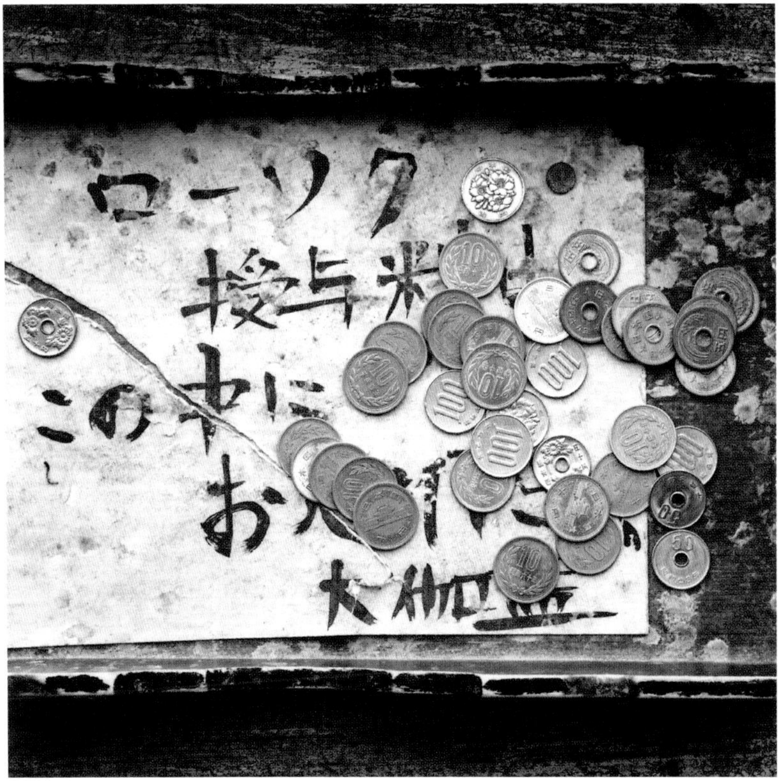
ローソク
この中に

素直 Sunao

Uno de los significados de *sunao* es 'obediente', que podría interpretarse como un control autoritario, pero el significado original de esta palabra era otro. Se remonta a la tradición sintoísta de percibir el mundo de una forma clara e imparcial. Dicho de otro modo, esta palabra denota una visión honesta: ver el mundo sin dejarse influir por los prejuicios, ser honesto con uno mismo y con el mundo que nos rodea. Es una lección de humildad atenta.

しょうがない Shōganai

Shōganai, cuyo significado literal es 'no existe medio ni método', nos recuerda que a veces debemos aceptar las cosas tal y como son. No podemos resistirnos a los cambios y, cuando nos hallamos en una situación que no podemos controlar, *shōganai* nos permite liberarnos de los sentimientos negativos, como la ira, la decepción y la culpa, y abrazar la aceptación.

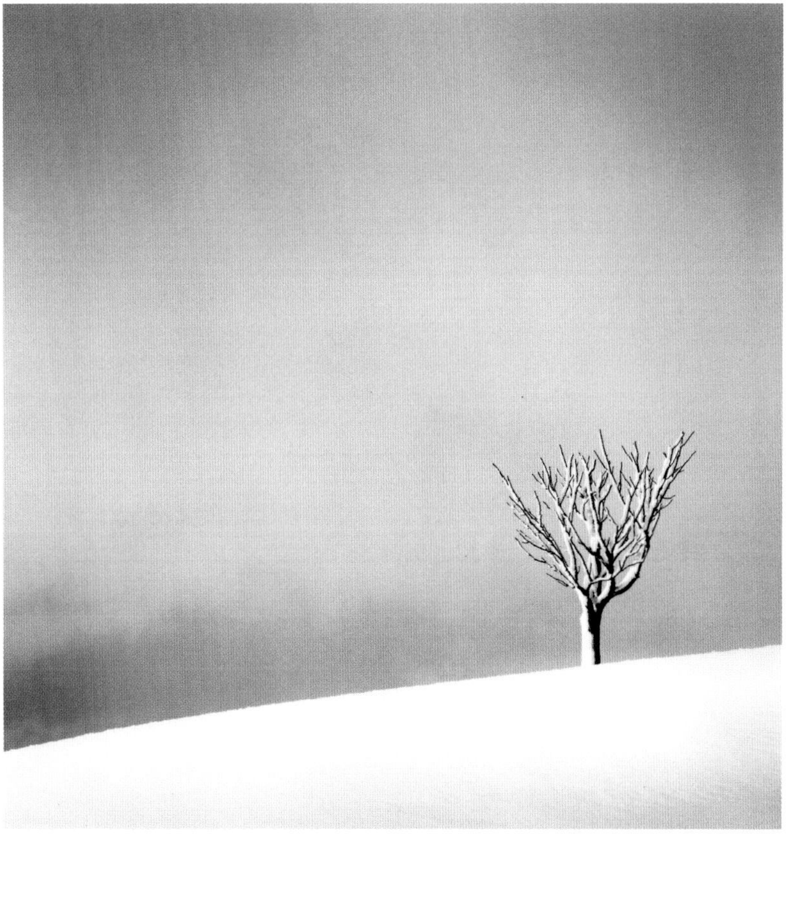

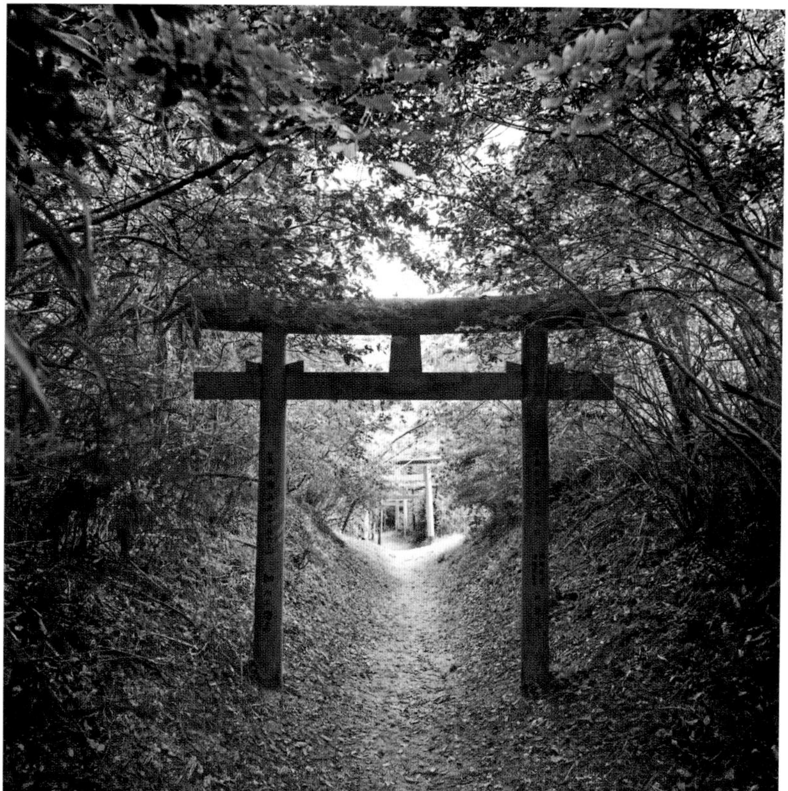

言霊 Kotodama

En Japón, las frases comúnmente utilizadas para saludar tienen una esencia mágica. Mucha gente cree en *kotodama*: palabras que, al pronunciarlas, poseen un poder casi espiritual. Así, mientras que las palabras amables y sinceras atraen la buena suerte, como si fueran una especie de oración, las palabras malintencionadas pueden acarrear calamidades. De entre todas estas palabras, una de las más entrañables es *itterasshai*, que suele utilizarse cuando alguien sale de casa. Transmite una emoción mucho más sincera que un simple «adiós» o «hasta luego»; significa 've y, por favor, vuelve a casa sano y salvo'. El hecho de que frases sencillas y cotidianas nos permitan comunicar sentimientos sinceros nos enseña que deberíamos ser más conscientes de las oportunidades de saludar a los demás —sean extraños o amigos— y desearles lo mejor.

Amae 甘え

Amae es un concepto fundamental para determinar el equilibrio que existe en nuestras relaciones con los demás, entre dependencia e independencia, y entre soledad y sociabilidad. En su contexto original, *amae* se refiere a la dinámica de un niño de corta edad que depende de su madre y da por sentado que esta cuidará de él. Sin embargo, cuando *amae* se emplea para describir relaciones entre adultos, la cuestión no es tan sencilla. Un exceso de *amae* denota una relación inmadura, en la que una persona depende totalmente de la otra. No obstante, también hay que desconfiar de una escasez de *amae*, dado que significa distancia y falta de intimidad y conexión. Puesto que la conexión social es una necesidad humana, debemos encontrar el equilibrio adecuado de *amae* para vivir de forma significativa y satisfactoria junto a los demás.

内 Uchi

Aunque pueda parecer excluyente dividir a las personas según pertenezcan a nuestro círculo más íntimo y, por consiguiente, estén 'dentro' (*uchi*) de él, o sean ajenas a este y, por lo tanto, estén 'fuera' (*soto*), este concepto puede enseñarnos a adaptar nuestro comportamiento y nuestro lenguaje a distintos grupos, manteniendo en todo momento el nivel de respeto adecuado. En Japón, las personas *soto* siempre son tratadas con cortesía, aunque no les contaríamos nuestros pensamientos ni vacilaciones. En cambio, debemos confiar plenamente en los familiares y amigos íntimos que consideremos *uchi*. Además, el momento en el que alguien cruza la frontera de *soto* a *uchi*, que significa que se ha ganado nuestra confianza y amistad, puede ser muy entrañable y significativo.

潔さ

Isagiyosa

Cuando se medita, el objetivo es alcanzar un estado de compostura y 'ausencia de ego', o *isagiyosa*. Esta palabra, cuyo significado literal es 'pureza', denota una mentalidad resuelta y desinteresada. Los samuráis consideraban que *isagiyosa* era una virtud que permitía a sus guerreros luchar con valentía y, además, sin arrogancia. En la actualidad, la ausencia de ego puede trazar un camino hacia un pensamiento iluminado, permitiéndonos reflexionar sobre situaciones difíciles con ecuanimidad y desde una perspectiva global más que centrándonos en el ego individual.

Hansei 反省

Hansei significa 'autorreflexión'. A menudo se ha interpretado erróneamente como algo negativo y reprobable: reflexionar sobre algo que hicimos mal y asegurarnos de que no volvemos a cometer el mismo error. Sin embargo, *hansei* no hace hincapié en el reproche, sino en el progreso: en lugar de culpabilizarnos, debemos buscar cuál será el siguiente paso. *Hansei* es un proceso que nos permite ser más autoconscientes y saber que tenemos la capacidad de mejorar y de crear positividad a partir de experiencias pasadas.

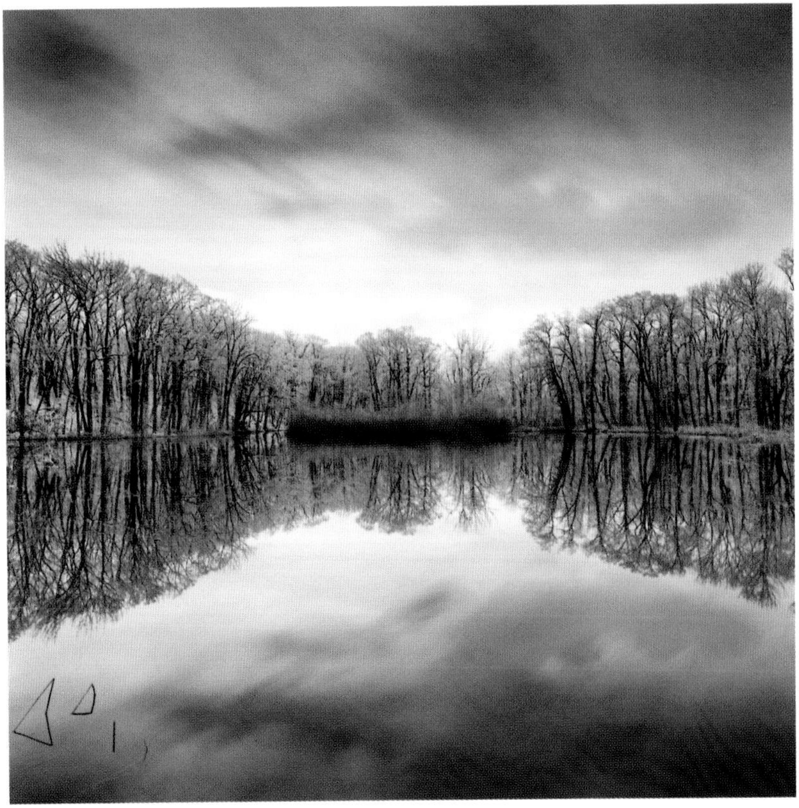

nubes
de niebla
apresurándose
a revelar
cien escenas
a cada instante

芭
蕉

Parte 6

Tiempo

Conceptos que llaman la atención sobre los ritmos de la naturaleza y reclaman que aprecies el momento presente.

Sobre el tiempo

Un recipiente de té lacado en rojo, tan desgastado que a su superficie se asoman retazos de la capa negra que hay debajo. En la capa exterior aún pueden verse imágenes de gansos de las nieves volando: siempre en movimiento, migrando y regresando.

Los gansos de las nieves, volando imperturbables,
deleitándonos con su belleza y movimiento.

Vuelan trazando arcos en el cielo. Estuvieron aquí el año pasado, y estarán aquí mañana y el próximo año. Entre el punto de partida y su destino final, pliegues distantes en el aire. Sobre un cielo rojo, plumas bruñidas teñidas de oro, descoloridas por el paso del tiempo y las yemas de unos dedos que han sostenido tazas de té relajantes y rituales tranquilizantes.

Haz tú el té.
El té siempre lo haces tú.

Al igual que los gansos de las nieves, que vuelan con determinación y un propósito fijo, un nido también se construye con una finalidad concreta, nunca se desperdicia ni queda vacío.

Solo está a la espera de ser ocupado una y otra vez,
desmontado y reconstruido.

Una cucharada precisa, medida y echada en una tetera heredada, impregnada del aroma de tu madre, y del de su madre antes que ella, absorbido por las paredes interiores de la tetera. De repente, el tiempo es tangible, contenido en el legado de recuerdos y antepasados.

初

Ya no es preciso ocultar nada
Y no importa si todo llega a saberse
Antes de conocernos
Por primera vez.

Sombras de nosotros mismos
Salen de las sombras
Todas las miradas se vuelven
Para contemplar
Un avance rápido e intenso
E implorar un ritmo más pausado
Para recobrar un aliento interminable.

Esta vieja lata de té roja, al igual que la tetera, está impregnada
del aroma de los años.
Agua vertida, té infusionado. Todo dicho y servido.
El ritual diario de hablar y hablar y saber y saber.

Incluso ahora. Todavía.

Incluso ahora, con la sabiduría de los años y el rastro de las viejas hojas de té, el pasado permanece y nunca se desvanece. Las oportunidades que existen hoy volverán a presentarse otro día.

La sabiduría consiste en saber esto.

Ichigo ichie 一期一会

Debemos la sabiduría de *ichigo ichie* a Sen-no Rikyū, prestigioso maestro de las ceremonias del té, quien argumentaba que, si bien es posible repetir una ceremonia, nunca se volverá a tener la oportunidad de compartir ese momento con la misma persona de la misma manera. Por consiguiente, se debe apreciar ese momento y vivirlo al máximo. Aprender, llorar, reír, disfrutar. Trata a las personas con el mayor respeto posible y préstales una atención sincera, como si cada conversación fuera un encuentro único en la vida. Nunca debemos limitarnos a movernos por inercia.

初 Hatsu

Hatsu, que ilustra que los japoneses ven un nuevo comienzo en las actividades rutinarias, funciona como un prefijo para definir un acontecimiento como 'el primero de'. Así, por ejemplo, *hatsu hinode* (初日出) significa 'el primer amanecer' (del Año Nuevo) y *hatsu moode* (初詣), 'el primer homenaje a un templo'. Nos anima a no permanecer absortos en el pasado y a empezar de nuevo.

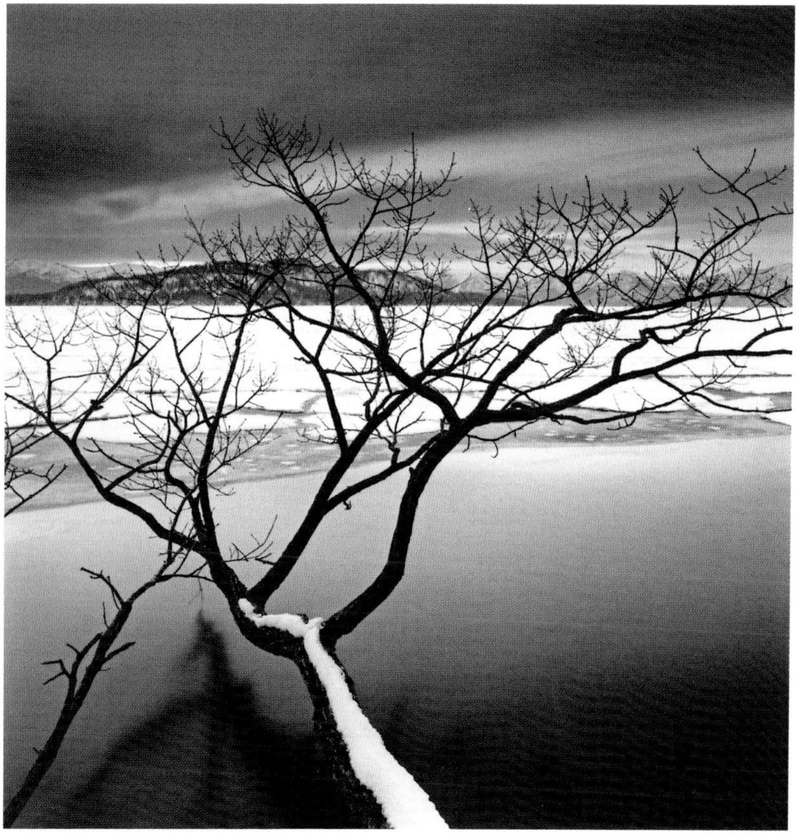

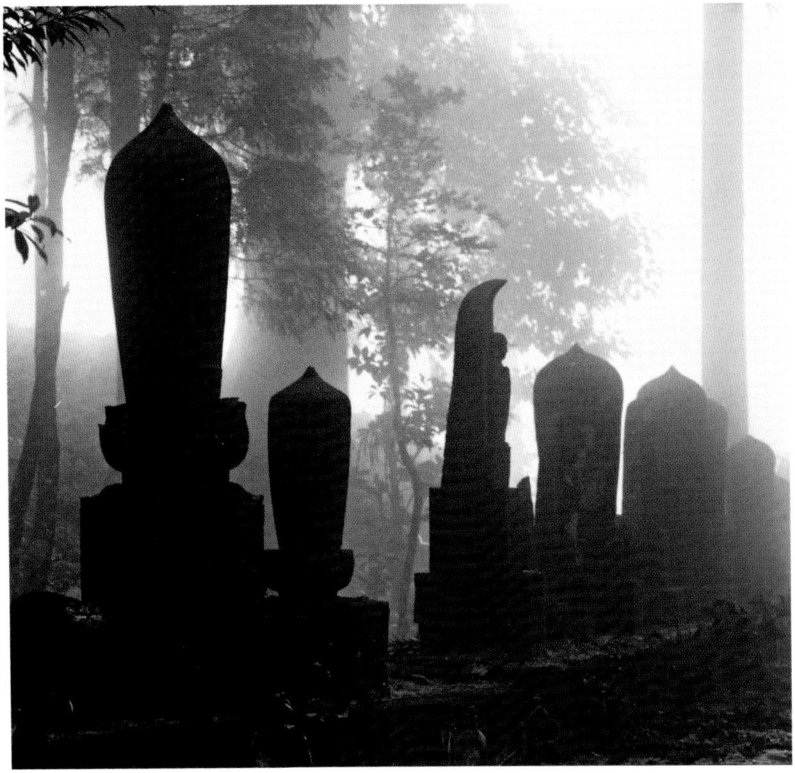

坐
禅 Zazen

En un mundo en el que nos invaden las distracciones, es fácil curar los cortes y golpes que sufre nuestro cuerpo, pero, en medio del tumulto y la confusión, resulta especialmente difícil saber cómo curar la mente. *Zazen* es la solución. Literalmente significa 'zen sentado' y equivale a sentarse para meditar. Lo único que se necesita es un lugar cómodo en el que sentarse. El propósito de *zazen* consiste «simplemente» en permanecer sentado y reflexionar, intentando alcanzar un estado de ausencia de ego y dejando que la conciencia se funda con el entorno. Para ello, hay que pensar sin emitir ningún tipo de juicio, permitiendo que las palabras, imágenes, ideas y pensamientos fluyan sin detenernos en ellos y sin dejarnos absorber por sus complicaciones. Se trata, en definitiva, de centrarse en el cuerpo y la respiración. Cada uno puede elegir cuánto tiempo desea practicar *zazen*, pero los monjes budistas idearon una unidad de medición para esta práctica meditativa: *icchū* (炷). Es el tiempo que tarda en consumirse una varilla de incienso —unos cuarenta y cinco minutos— y se considera que es suficiente para sentarse y dejar que esta práctica curativa renueve nuestros propósitos y restaure la simplicidad potencial de la existencia.

Mugon-no gyō 無言の行

Mugon-no gyō es una práctica meditativa que hace hincapié en el silencio y te pide que te tomes unos momentos para reflexionar antes de hacer nada: actúa, no reacciones. Aunque la meditación suele practicarse en silencio, el reto específico de no poder expresar tus pensamientos puede hacer que adquieras una mayor conciencia de tus motivos y deseos. Practicar *mugon-no gyō* en tu vida cotidiana te permite crear un espacio para la pausa y la reflexión antes de decir o hacer algo.

遠慮 Enryo

Enryo es un tipo especial de vacilación. Cuando te pidan que opines sobre algo, que tomes una decisión o que expreses tus pensamientos, practica *enryo* para concederte un momento de pausa consciente: «¿Voy a perjudicar a alguien?». *Enryo* es un modelo de modestia y restricción. Significa vencer los impulsos y anteponer a los demás: tener en cuenta los deseos y sentimientos de los otros antes de seguir adelante con lo que se pretende hacer. *Enryo* puede utilizarse como una fórmula de cortesía al conocer a alguien, pero también como una forma de consideración afectuosa entre los amigos más íntimos.

Gaman 我慢

Gaman es una actitud de tolerancia y paciencia. Cuando debemos hacer frente a situaciones insoportables, desastres naturales y tragedias, *gaman* significa aceptar estos traumas con dignidad y sin acusaciones ni culpas.

Gaman se asemeja a *ganbari*: ambas palabras significan soportar las dificultades y dar lo mejor de uno mismo ante los retos, hasta que la adversidad concluya. Estos conceptos, que unen a las personas en apuros, dan lugar a *ganbatte*, que significa expresar empatía, ánimo y apoyo moral. Se utiliza cuando las personas deben enfrentarse a una situación difícil para recordarles que no están solas y que su duro trabajo no ha pasado desapercibido.

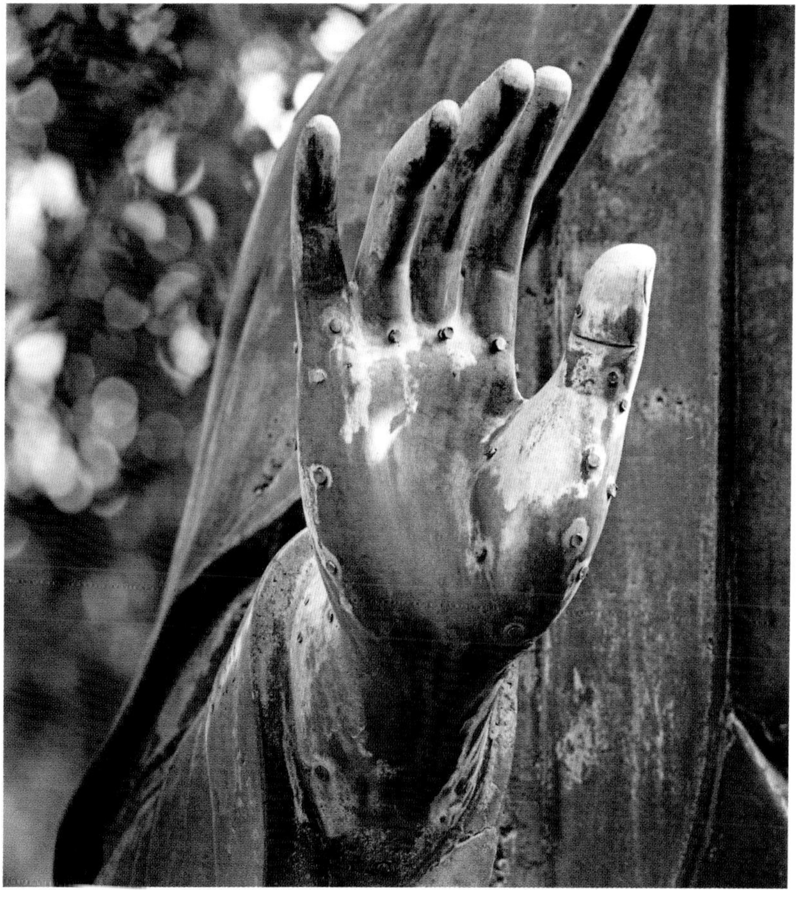

A oscuras
las manos sobre las
rodillas
esperando a que
salga la luna.

芭
蕉

Parte 7

—

Respeto

Las siguientes palabras infunden humildad, reverencia y recuerdo como una filosofía que sirve de guía tanto para los vivos como para los muertos.

Sobre el respeto

ご恩

Un tren abarrotado en la hora punta.
Entramos de espaldas. Despacio.
Sin pronunciar palabra.
Solo una leve inclinación de cabeza
a modo de disculpa.

El silencio es palpable, respetado; crea espacio donde no lo hay. Millones de personas participan a diario en una coreografía basada en la consideración hacia todos y cada uno de los bailarines que la componen.

Un respeto que se extiende como una ráfaga de viento que hace avanzar las estaciones,
como el flujo constante del agua y su armonía.

En la calle, a metro y medio de distancia, una reverencia cortés, el símbolo por excelencia del respeto. El ángulo y la duración crean un lenguaje codificado propio.

Conscientes de que todo es pasajero, de que el momento presente es todo lo que hay,
como el samurái que debía llevar una vida admirable e íntegra para que no le
asaltaran los remordimientos al morir,

buscamos la belleza ahora.

Mañana puede desaparecer en un mañana que no nos ha sido prometido.

El respeto se manifiesta en todas las facetas de la vida, y no pertenece —al menos de forma exclusiva— a los vivos. Agosto trae consigo los rituales que honran a los difuntos para recordar y venerar a aquellos que dieron la vida y se sacrificaron para que nosotros pudiéramos vivir bien. Es a través de esta práctica tangible que los muertos no solo son respetados, sino que también coexisten en el hogar y, dado que están presentes y son venerados, es imprescindible que no empañemos su honor con las decisiones que tomemos en nuestra vida cotidiana.

En este vasto tapiz, el respeto es un hilo fundamental que impregna de color todo lo que toca.

Es el ancla, la columna vertebral, el básico paso a dos, y se mueve sin esfuerzo entre todos los que lo honran.

Bajo un puente, viviendas improvisadas, cajas de cartón formando «hogares» para quienes carecen de uno. Llamativas, aparecen como setas que a la mañana siguiente ya no están.

Si uno se acerca, descubrirá una entrada tapada con un plástico que apenas protege de las inclemencias del tiempo. El espacio justo para dormir sin ser visto. Y aquí, en esta frágil entrada, una simple declaración de profundo respeto:

un par de zapatos.

Teinei 丁寧

Tei significa 'elaborado' y *nei*, 'tranquilo', pero combinados dan como resultado 'cortesía'. Esta palabra transmite la idea de una actitud cortés, en la que cada gesto, incluso la tarea de planchar una camisa, se lleva a cabo con esmero y precisión. Mientras que el término *cortesía* es válido únicamente en el contexto de los modales, *teinei* es más bien una filosofía: en lugar de actuar con cortesía para obtener un reconocimiento o mostrar agradecimiento a los demás, uno se comporta con la máxima delicadeza para mostrar excelencia en su conducta, prestando atención a los detalles para obtener su propia recompensa. En otras palabras, hacer las cosas con *teinei* se convierte en una forma de autodisciplina: una oportunidad para adiestrar tanto la mente como el alma, como si se tratara del concepto de *seishin shūyō*. Afrontar cada actividad diaria con *teinei* aportará positividad y sinceridad a tu vida.

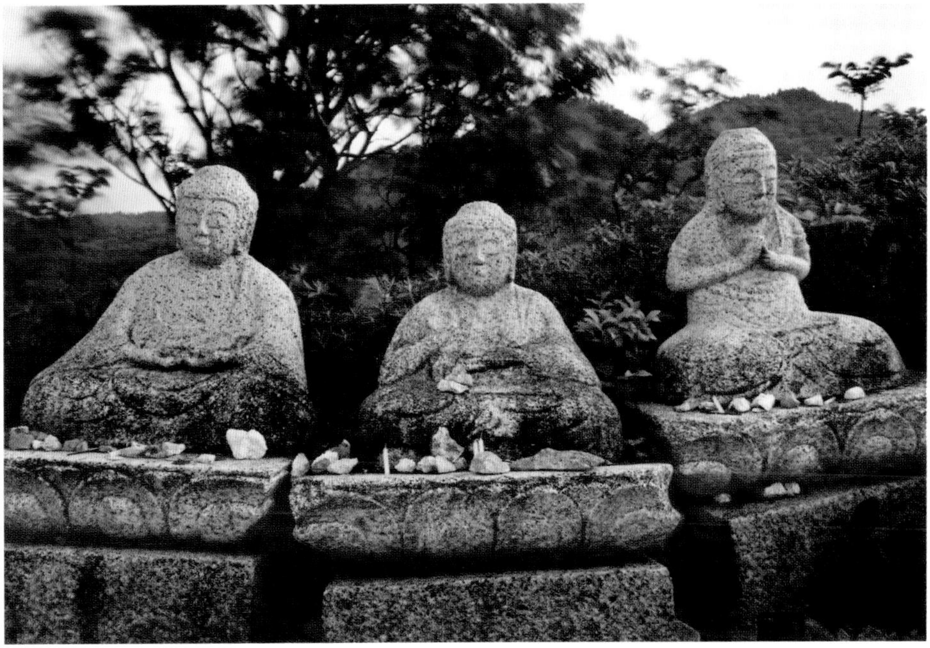

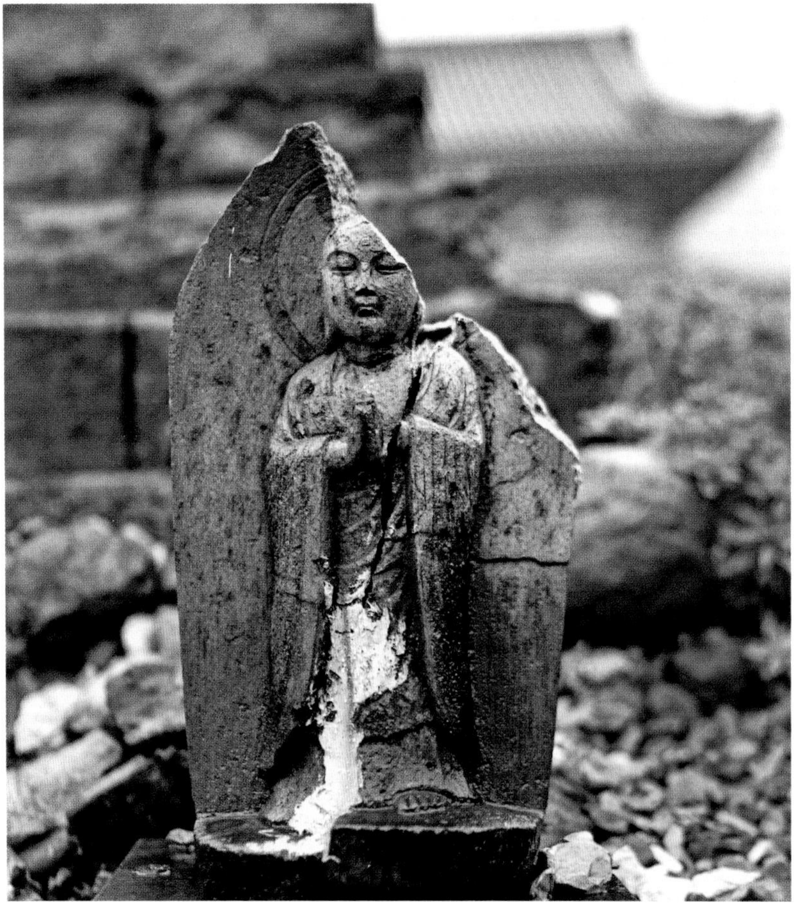

礼
儀
作
法

Reigi sahō

Una traducción aproximada de esta expresión sería 'buenos modales'. *Reigi sahō* se refiere específicamente a los gestos. Es el modo en que se lleva a cabo una tarea: un ejemplo sería perfeccionar el habla mediante clases de elocución como parte de un código de respeto más amplio. Desde pequeños, los niños aprenden y practican ciertas rutinas, como hacer reverencias y saludar correctamente. Esto también es *reigi sahō*, que es importante para todo lo que incluya *~dō* ('el camino de las flores', o *kadō*), o conlleve interactuar con otras personas en un entorno formal. Se trata de un protocolo cultural cuyos orígenes se remontan a antiguos rituales para espíritus y antepasados, en los que los vivos expresaban su respeto y gratitud mediante gestos realizados con delicadeza y sinceridad.

Sensei 先生

Sensei es un título honorífico de respeto para cualquiera que aporte sus capacidades intelectuales a la sociedad con el fin de mejorar la salud, fomentar la educación o estimular el crecimiento económico. Es un título que hay que ganarse. La maestra de un jardín de infancia, por ejemplo, sería digna de recibirlo, así como profesores y médicos, o un instructor de arreglos florales. En Japón, seguirías llamando *sensei* a estas personas incluso cuando ya hubieras alcanzado la madurez, como expresión de gratitud duradera. Quizá podamos plantearnos cómo mostrar nuestra gratitud a quienes nos han orientado, recordando su ayuda e inspiración.

ご恩 Go-on

Mientras que *sensei* denota el respeto que les debemos a nuestros maestros, *go-on* es un respeto más general que hay que dispensar a cualquiera que haya cuidado bien de nosotros. El concepto de *go-on* se desarrolló en la antigua época feudal para describir el vínculo entre el señor y el samurái. El precio de la protección del señor se pagaba con *go-on*, gratitud expresada a través de una lealtad absoluta.

Hoy, *on* es un sentimiento de agradecimiento hacia quienes han sido tus amigos o han cuidado bien de ti. Te esfuerzas al máximo para ayudar o apoyar a quien te da *on*, no por una cuestión de culpa o de obligación, sino por el deseo genuino de devolver la ayuda que has recibido. *On* está en todas partes, entre tú y tus padres, amigos, compañeros de trabajo e incluso desconocidos. Es un hermoso vínculo que refuerza las conexiones entre las personas de la sociedad.

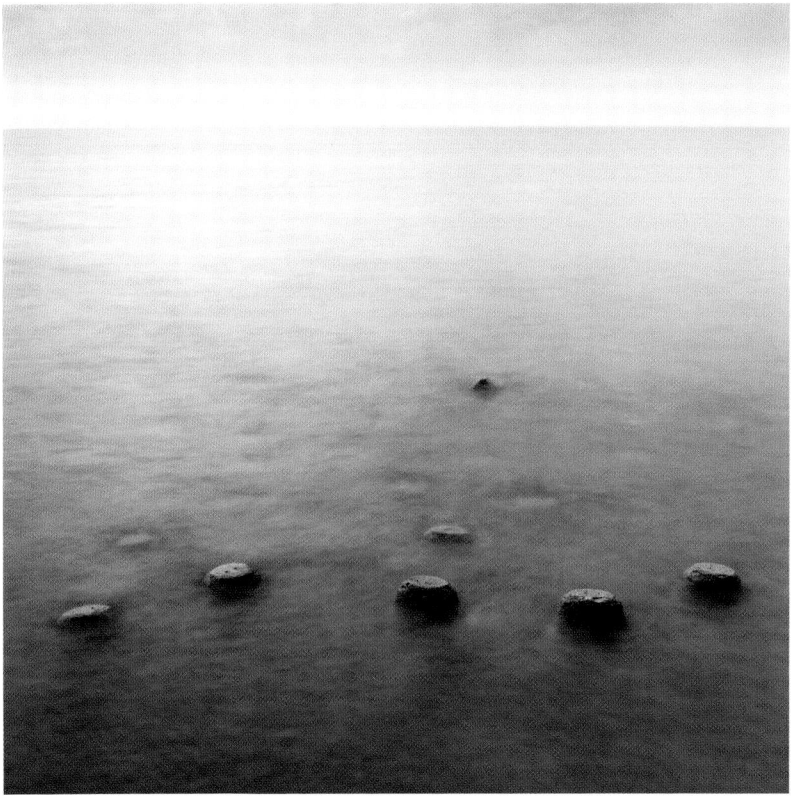

勿体無い

Mottainai

Esta palabra tiene su origen en el término budista *mottai*, que originariamente significaba 'tal y como debería ser', y *nai* niega esta afirmación. *Mottainai* alude a un sentimiento de desperdicio. En Japón, esta palabra puede formar parte de una orden oficial que inste a no desperdiciar la comida. Ahora bien, no se trata únicamente de malgastar en un sentido material; también puede referirse a los recursos naturales, a gastar de forma desmedida, o a «perder» el tiempo. Puede significar una reconciliación más espiritual con los conflictos de decepción, malestar y preocupación que resultan de sentir que has encauzado mal tus esfuerzos o no has alcanzado todo tu potencial.

Hotoke 仏

En el budismo japonés, *hotoke* se refiere al espíritu de los difuntos. Todos los años, a mediados de agosto, los familiares se reúnen para celebrar una ceremonia conmemorativa (*hōji*) en la que invitan a regresar a los espíritus de sus antepasados. Les piden que pasen unos días con ellos en casa. Estas palabras nos remiten a una tradición conmemorativa muy entrañable: tus seres queridos siempre están contigo y puedes llamarlos para que regresen a tu corazón y al hogar.

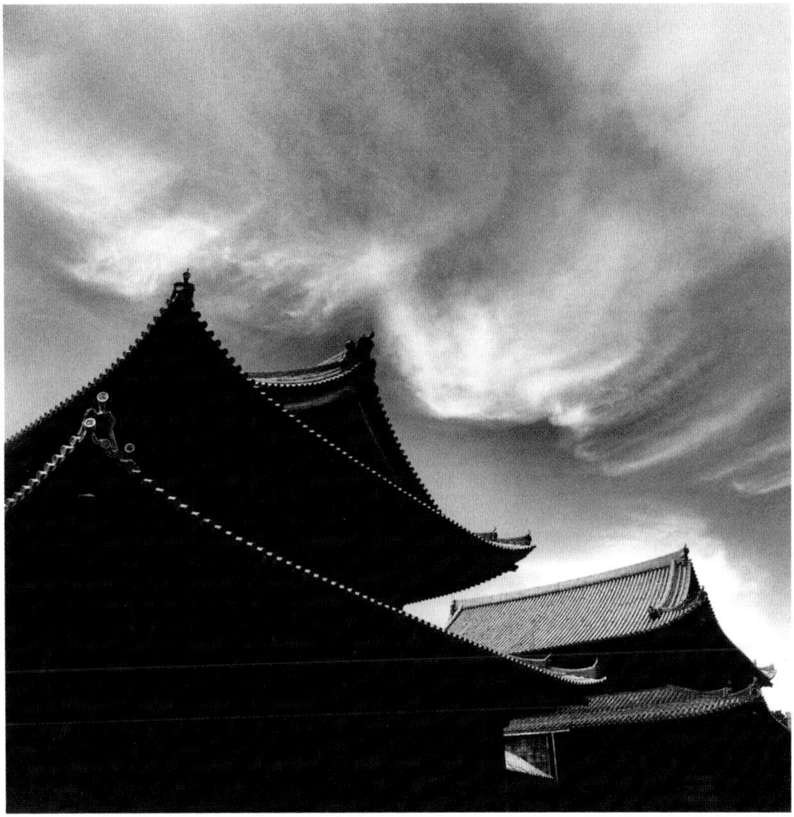

Mari Fujimoto es directora de Estudios Japoneses en el Queens College de Nueva York, donde da clases y conferencias sobre todos los aspectos de la lengua, la lingüística y la cultura popular japonesas. Considera que aprender un idioma es el primer paso para comprender los valores y creencias de una cultura. Nacida en Tokio, visitó Estados Unidos por primera vez a los ocho años. Posteriormente estudió en el Queens College, donde se licenció, y más adelante en el Graduate Centre of the City University de Nueva York, donde obtuvo un doctorado en Lingüística. Actualmente vive en Nueva York con su marido, sus alegres gemelos y dos perros.

Michael Kenna es uno de los fotógrafos paisajistas más importantes del mundo. Sus impresiones en gelatina de plata se han expuesto en galerías y museos a escala internacional y forman parte de numerosas colecciones permanentes, como la de la Bibliothèque Nationale, en París, The Metropolitan Museum of Photography de Tokio, The National Gallery de Washington D.C. y el Victoria and Albert Museum de Londres, entre otras. Se han publicado más de sesenta monografías y catálogos de exposiciones sobre su obra.

David Buchler es un artista sudafricano afincado en Tokio cuya obra, realizada en distintos soportes, incorpora la cultura japonesa contemporánea. Tiene un máster en Bellas Artes y recopila sus meditaciones, fotografías y grabados en su blog *Collecting Space*, que inició cuando se trasladó a Japón en 2009.

Matsuo Bashō (1644-1694) es recordado hoy como el gran maestro de los haikus japoneses por sus letras delicadas y sencillas que captan el mundo natural con una intensidad extraordinaria. Los haikus que se recogen en el presente volumen se reproducen con permiso de Kodansha USA, Inc. Extraídos de *Basho: The Complete Haiku*, de Jane Reichhold, © 2008, 2013 Jane Reichhold.

Todas las fotografías reproducidas en este volumen proceden de la colección sobre Japón de Michael Kenna. Más información en: www.michaelkenna.com

pp. 2, 95 – Mudra Blessing, Shidoji, Kagawa, Shikoku.
p. 3 – Tree Portrait, Study 4, Wakoto, Hokkaido.
p. 9 – Kussharo Lake, Study 5, Hokkaido.
p. 14 – Mountain Temple, Maegamiji, Ehime, Shikoku.
p. 15 – Laughing Buddhas, Otoyo Shrine, Kyoto.
p. 23 – Tranquil Morning, Awati Island, Shikoku.
p. 24 – Sanskrit Garden, Rengejo-in, Koyasan.
p. 32 – Torii in Trees, Wakoto, Hokkaido.
p. 36 – Rocky Pier, Tsuda, Shikoku.
p. 39 – Pier Fragments, Adogawa, Honshu.
p. 45 – Chikui Cape Trees, Muroran, Hokkaido.
p. 46 – Autumn Leaves, Unpenji, Shikoku.
p. 49 – Sulfer Mountain, Iozan, Hokkaido.
p. 50 – Falling Tree, Nagahama, Honshu.
p. 53 – Cherry Blossoms, Nara, Honshu.
p. 58 – Pier and Nakashima Islands, Toya Lake, Hokkaido.
p. 61 – Taushubetsu Bridge, Nukabira, Hokkaido.
p. 65 – Butterfly and Peonies, Kongobuji, Koyasan.
p. 66 – Bodhisattva Statues, Prayer Hall, Koyasan.
p. 73 – Donations, Daito Pagoda, Garan, Koyasan.
p. 75 – Snowfall, Numakawa, Hokkaido.
p. 76 – Torii Gates, Bentendake, Koyasan.
p. 81 – Fishing Nets and Mt. Daisen, Yatsuka, Honshu.
p. 83 – Frosty Morning, Onuma Lake, Hokkaido.
p. 89 – Kussharo Lake, Study 11, Hokkaido.
p. 90 – Forest Jizos, Unpenji, Kagawa, Shikoku.
p. 101 – Three Bodhisattva's, Osorezan, Honshu.
p. 102 – Jizo, Osorezan, Honshu.
p. 106 – Posts in Water, Date, Hokkaido.
p. 109 – Torii, Study 1, Takaishima, Honshu.

Buscador de palabras

Agradecimientos

Mari Fujimoto: quisiera expresar mi agradecimiento a Patricia Welch, doctora en Literatura Japonesa y Comparada en la Hofstra University, por sus sugerencias en las fases iniciales del proyecto; a David Buchler, por sus reflexivas meditaciones sobre la lengua, la belleza y la cultura japonesas, incluidas en este libro; a Michael Kenna, por concedernos permiso para reproducir sus hermosas fotografías junto a mis «palabras para una vida plena»; y al equipo de Elwin Street Productions, por concebir este proyecto y apoyarlo de principio a fin.

David Buchler: gracias a mis amigos y a mi familia, de Japón y de Sudáfrica, en especial a mi hermana Louise, por inspirarme constantemente a escribir; a Koichi, por animarme siempre a crear y no decaer; y a Tokio, por ser simplemente increíble y mostrarme algo nuevo cada día.